U0112149

大展好書 好書大展

大展好書 好書大展

社會人智囊
37

妙點子超構想

多湖輝、竹野輝之／著
李玉瓊／譯

大展出版社有限公司

序文

目前，日本正面臨重大的轉機。時值經濟全球化的加速進行中，不得不重新評估以往支撐經濟發展的終身雇用制或年資先後順序與勞資、官民協調所套裝而成的「日本式經營體系」。在尖端科技的領域上，已無法趕上美國，而生產成本方面，也不能戰勝生產成本極為低廉的亞洲各國。而且，預測在未來二〇二五年，六十五歲以上的高齡者將達總人口的二五．八%，隱藏著人口高齡化的危機。

處於這種地殼變動的時代，光憑傳統的急起直追型，改善、改革型的構想，足以應付嗎？答案當然是「NO」。目前所需求的乃是突破堅厚壁壘，積極躍進的「超構想」。在急速變化的二十一世紀這個難關時代，不能展現超構想的人或企業必被淘汰而滅亡。反之，不論是個人或小組團體，只要能激發超構想，一定會展開無限可能的震撼性商機。

但是，超構想卻非呼之即來般垂手可得。為什麼？因為，號稱僅只大腦皮質就有一四○億個神經細胞的人腦，果真是個「高級品」。但其中卻有許多阻礙超構想發生的陷阱。

隨便舉些例子來看，第一個陷阱是，思考的節約機能。譬如，每天刷牙時，我們不會一一去思考「先從左或右側刷牙」的問題。思考已被節約而習慣性、自動性的刷牙。如果沒有這個習慣化，恐怕日常生活會覺得相當困難吧。但是，從另一方面而言，習慣化卻也帶來構想的因循老套化。

第二個陷阱是前例主義。一旦成功後，隨即認定第二次或第三次都可以依同樣的模式獲得成功。但是，狀況隨時變化，同一個模式的反覆不一定能夠成功。

第三個陷阱是，被常識、固定觀念所束縛。基於同調性的心理，個人無法把大家所認同的「右」想成是「左」。

此外，越是全心投入工作，越無法看清周遭景物而陷入視野狹隘。當然，還有許多其他陷阱，正因為落入這類陷阱，結果僅差一步就能突破難關卻打退堂鼓，或迂迴繞轉走了許多冤枉路卻無實際效果。

本書的目的是，讓處於商場活動的每個人實踐性地養成巧妙迴避這類陷阱，創造超構想的秘訣。本書的編排則由問題、解答例與解說、超構想的重點項組成一個單元。全部有四十七單元。其中又依序分配為暖身篇、基礎篇及實踐篇。從任何章節處閱讀都無妨。不過，各個問題的解答，務必親自至少思考十分鐘之後，再往下一題進行。

市面上所謂「創造性」的著作，多半是洋洋灑灑的長篇大道理。但是，今日，對上班族各位而言，最重要的並非推敲理論，而是利用實踐去獲得超構想的方法。

解答例或解說當中，有多數引用以創造性開發及彼此啟發、交流為目的的多湖輝研究所「ATAGO塾」第一期學生實際解答的例子。如果各位能和自己的解答做一番比較，分析其間的優劣差別，乃是我們的榮幸。

此外，書末附錄「鞏固超構想的檢查表」。希望各位儘量應用於解決問題或新製品、新服務的開發。

多湖　輝

竹野輝之

目錄

第二章 基礎篇

第三章　實踐篇

〔附錄〕鞏固超構想的檢查表

第一章

暖身篇

★頭腦經由訓練，可將柔軟度無限提升。在暖身篇中，並不特別設限於商場現狀，而是從更寬廣的範圍，提出測驗頭腦的柔軟性及做爲暖身操的問題。首先，請各位挑戰以下各個問題，藉此紓解全身的「僵硬」。

問 1

某運動競技大會的主辦人，前來洽談：「為了避免開幕當天發生意外，有無方法讓五萬名觀眾從球場三五成群地離開呢？」並非服務人員的勸導或限制，而是觀眾們主動三五成群地離去。有什麼好辦法呢？

解答例

典禮完畢後，在會場上舉行團體遊戲，或安排餘興節目，藉此吸引想回家的觀眾之注意力。觀眾一定會根據自己的方便或興趣而三三五五地分散回家。

把回家行動分散化的方法，有從心理上揣測行動模式，或利用物理上的設施、組織的方法及提供某些利益的方法等。

解答例所提示的是，著重於個人的事情或興趣，利用這一點謀求行動分散化的方案。

「典禮完畢後有三十分左右的表演或活動的時間。以參觀典禮為目的者，隨著典禮完畢開始移動，但有空而感興趣者，會看完表演或參與活動之後再回去。」

上述也是表現法不同的相同構想。此外，做為活動型的還有以下的方案。

「典禮完畢後，利用『起立／坐下』的形式，舉行『YES／NO』的猜謎遊戲。剛開始提出簡單的問題，讓觀眾慢慢離席。」

不過，這個方法從時間上的考量而言，沒有顧慮到典禮完畢後想儘早回家的人。

至於利用物理上的設施，有以下的方案。

「依觀眾的喜好，在會場上設置數種硬體設備，如卡拉OK會場或電動遊樂器。當典禮完畢後，可讓觀眾依個人嗜好聚集前往遊樂（站在主辦者立場，倒也能消磨時間）。」

而利益提供型則有下列幾種。

「把入場券當做獎券，典禮完畢後舉行公開抽獎，讓沒有中獎者離席。送中獎者運動物品做為贈禮。」

「殿後者有福。贈送各遊戲最後退場者一千元。」

不過，最後一個方案，恐怕會引起每個人執意要當最後一位退場者而陷入混亂。

超構想的重點

若無「款待之心」構想即陷入枯燥乏味

用某種壓力強迫性地誘導或限制人，其實很簡單。但把人當做「物品」處理，既令人不快手法也不俐落。緊急狀況下，有時恐需強制性的誘導，但諸如眾人聚集的各種活動會場，希望能考慮自然誘導的方法。

在期許觀眾能三五成群自動退場的這個問題，有數種方法可尋，如解答例中所提示的利用團體遊戲或放煙火，吸引觀眾的注意力等。但重點完全在於「招待之心」。

如果不能發揮尊重每個人意願或立場的招待心，恐怕想不出好構想來。

當然，也有疑問是，若要發揮這一點，到底對人心能有多大程度的顧慮？

問 2

積雪量極大的日本海一帶，每年的除雪工作非常不容易。它是相當費力的勞動，而在年輕人人口一再流失的這一地帶，已造成相當嚴重的問題。有沒有什麼好辦法，只要一年幾次，不必勞動當地的父老而把除雪的工作完成？

解答例

A　實施「體驗除雪旅行」的觀光活動，吸引未曾除過雪的都市人前來。

B　做為各級學校「戶外教學」的一環，體認雪國的生活。

如何確保變成當地人重度勞動，而麻煩的「除雪」之代替勞動力。可能也有支付費用而請求業者處理或「在屋頂上設置除雪暖氣」等方案，但既然是「好辦法」，當然就該想想此外的方策。

若要免費確保代替勞動力（雖然措詞不當），問題在於該撒些什麼「食餌」。種類有利益供給型、教育型、觀光型、活動型等。

「每除雪一件，區域內的住宿費打八折。」

「經營只要除雪就免住宿費的臨時民宿。」

「附近若有滑雪場，則和滑雪旅行整合，使旅行費用因代勞除雪而享有折扣優待。」

上述乃利益提供型。

解答例是觀光型與教育型。

其中可能還有其他構想餘地的是——活動型。

「舉辦除雪大賽活動，選出『除雪大王』」、「舉辦除雪造型大賽」而這些還只是開幕的序章罷了。

「將除雪活動化，變成一項祭典。建造一座『除雪神社』並舉行供奉所除掉雪的『祭雪』。根據所除掉之雪量排定『除雪順位』，居最高位者給予獎品。不僅招募附近居民參加，更向其他地區、縣市，尤其是沒有雪的鄉縣宣傳，廣集參加者。」

至少要讓你的構想力做這種程度的擴張。

超構想的重點

只要能轉換價值，即使重力勞動也變成最高娛樂

需求越高，商品價格越漲，需求降低，價格也隨之滑落。這是市場經濟的單純原理。若想提高商品價值，有一個方法是改變商品的屬性，但在其所在地區內若無需要，把商品帶往有需要的場所做價值轉換，也是賢明之策。

本問題的「除雪」若也看成一種商品，把著眼點放在價值轉換上，將不會是「屋頂上設置溫水噴灑機」的構想，而會油然生出各種不同的創意吧。即使對當地者而言是令人厭煩的勞動，但對初次經驗者而言，卻是非常難能可貴的活動。只要能巧妙秀出它的魅力，景況將有一百八十度的轉變。

根據價值或意義的轉換法，原本毫無價值的事物，也能搖身一變為傑出的「商品」。

問 3

連接兩棟大樓的通道。路況非常混雜，為了使往來行人暢通無阻，標示著「靠右通行」，卻鮮少有人遵守。有無自然引導人潮方向的妙案？

解答例

A 在通道的天花板上，以一定的間隔裝設電視，讓走在右側者可看見畫面。走在左側只能看見電視的背面，因此，人潮自然往右通行。

B 右側通道上的燈光特別明亮耀眼。

大致區別有兩種方法。其一是步行者「主動往右側通行的方法」，其二是「不得已往右通行的方法」。

主動往右通行的方法中，最單純的有「地面上畫有中心線及靠右通行的箭號」「通道用顏色縱向區分一半，或塗上箭頭記號」諸如這類答案。這是利用中心線或不同顏色，標示通道分為兩個區域，並用箭頭記號指示方向的作戰。

但是，人潮混雜時，通常看不清楚而減低效果。

因此，更吸引步行者的興趣，或利用視覺刺激引導方向的方法有「靠右通行者容易辨識的場所設置情報板或告示板。」「右前方擺廣告圖片或照片。最好是令人眼睛一亮的人物。」

解答例A也是其中之一。這時，如果和贊助廠商打契約，在畫面上提供CM，可謂一箭雙鵰吧。

另外，讓人不得已朝右側通行的方法有解答例B：「在通道的表面加工，讓左側通道難以通行。」「通道的入口設置只開一邊的門或類似的匝道，讓左側無法進入。」等方案。想往左側通行時，因光線過於炫目或難以步行，通行者自然會選擇右側。

這個方法的殺手鐧是「把通道改成『移動步道』。絕對沒有從反方向進入者。」但這個解答是需要相當經費的方案。

超構想的重點

把思考做樹木狀的斷層分階，構想將源源不斷湧出

無論如何期盼步行者靠右側通行時，可指派勸導員強制執行即能達到目標，但本題有個限制是「自然指定人潮的方向」。

因此，必須想出其他的方法。如果思考這個問題時能**把思考做樹木狀的斷層分階，遠比胡亂思考，構想更能通暢。**

在此暫且把方法大致區分為正面型誘導和負面型誘導。前者是「讓行人主動往右通行的方法」，後者則是「使人不得已往右通行的方法」。

把它當做上位項目，如果是負面型，則又分為單純的標誌表示方式或誘發興趣、關心的方式，而它們是屬於視覺上或聽覺上？如此往下分枝成下位項目來考慮，當各項目齊全之後再找具體方案就行了。

問 4

A公司最近在公司內禁煙，但為抽煙者著想，於公司的某個角落設置抽煙場所，並高掛著「抽煙區」的標示牌。但是，抽煙者認為「彷彿翹班去抽煙，令人怯步。」反應並不太好。

如何才能讓人堂堂正正地前往吞雲吐霧呢？

解答例

「抽煙區」這種慣見的名稱不太好。把它改成喚起正面印象的用詞，如「蘇活區」或「腦力激盪區」。

同樣一個行為，只要改變場所或賦予意義、變更其涵義，其行為所具有的印象會大幅轉變。這問題的主題在於如何轉變「去抽煙」這個行為所帶來的負面印象。

「把標示牌變更為『促進香煙業績』」，這樣的方案有點勉強吧。

「做成『冥想區（抽煙可）』的標示牌」。

這個方案也有自我辯解之嫌，屬於消極的做法。「經營與香煙關連的事業」這樣的標示牌在構想轉換這一點上，倒是有趣吧。

事實上，確實有利益營收的可能時，抽煙者也能聚集一堂在公司內創業。如此一來，首先提示的方案，「促進香煙業績」這張標示牌就具有意義了。

不過，重點是不必刻意經營事業，只要能暫且放鬆情緒抽抽煙，因此，解答例是把標示牌改成更積極印象的方案。

而朝這個路線更深入地思考時，則有以下的方案。

「利用『企劃區』『草案空間』等改變抽煙區的名稱。同時，還擺設擬定企劃、構思所必要的一切道具，如個人電腦、資料、報紙、雜誌與電話等。不只是單純的消磨時間，而是讓這個區域做機能轉換，成為具有積極涵意的空間。」

如此一來，前往該處抽煙就具有非凡的意義，一定能提升知性生產力。

超構想的重點

同一個行爲，只要改變主要目的名稱，即可刷新給人的印象

影視明星不再走紅時，常會「改變形象」重振旗鼓。但既然想做形象轉換，首先必須分析其形象是從何而來。

本題的抽煙區正是因為它的名稱是「只為抽煙而前往的空間」↓喚起「翹班」的聯想。因此，**謀求形象轉換時，只需把主要目的的名稱轉嫁在其他事物上**。接著再用名稱來補強。

「先告知有一個可從『閒聊中激發構想』的場所，讓抽煙者吞雲吐霧之後，提出一個構想。名稱可以定為『構思區』。」

這個主意也不錯吧。經營陣營一定大表歡迎。不過，抽煙者可能裹足不前或煙抽得越來越少？

問 5

想打電話回公司或自宅而欲撥公共電話時，常會碰到前面講電話的人說個不停，令人心煩氣躁。有無讓每個人頂多打一分鐘電話，防止冗長電話的對策呢？

解答例

A 一分鐘過後，電話自動留放音樂或傳出通訊終止的訊息。

B 一分鐘後自動掛斷。雖然放回聽筒再重新撥號即可通話，但程序麻煩，應該可以減少冗長電話。

目前已進入PHS的時代，若是必須頻繁與公司連絡而討厭待機的煩躁者，最好使用這個時代利器。但是，同時有適合短時間使用的公共電話則便利許多(長時間使用的公共電話也一樣)。

更簡便的方法是，正如解答例所示，一分鐘過後不論講完與否，即自動掛斷的設計。如果通話時間總數需十五分鐘，這種電話簡直麻煩極了。而利用這種電話者，自然會縮短通話時間。不過，突然電話斷線，倒也給人不親切之感。

前述方式若命名為物理上強制終了型，其餘還有，①慢慢告知利用者時間所剩無幾的情報型、②嘉獎協助短時間通話的利用者的利益型、③讓利用者也考慮後面還有等候者的道德型等方案。

「一分鐘左右，電話自動發出警告聲。」「每隔數分鐘自動留放『目前已通話幾分』或『目前通話費是幾元』的訊息。」「以視覺表示時間的經過。」「電話上裝置像超人的彩色計時器，讓光一閃一滅，而閃滅會漸漸加速的裝置。」

以上的方案全數是情報型。雖然它們都是強制性地切斷電話，卻也是對使用者方便的方法。

「通話費在最初的一分鐘較便宜，以後節節升高。」這是屬於利益型（超過時間則反利益型）。至於道德型則有「設計上使人從打電話的位置可以看見等候者。」

不過，道德型在現實上具有困難，以這個問題而言，主要還是倚賴物理上強制終了型吧？

超構想的重點

一個構想的周圍，存在著相關的構想群

一個構想的周圍，通常還有許多尚未顯現的其他構想。即使浮現出某個構想，不要為此而滿足，應該設想其他可能的模式。

改變形狀或材料、和其他不同的要素結合或分離、把規模放大等等，有如蔦鳥聚集樹幹一般，繞著主要的構想再做各種考量。

以這個問題而言，如果想到「用強制性的方法斷話不就好了？」應該還要再想想其他的問題，諸如「是否可表示通話時間？」「用聲音或液晶畫面做表示？」

如此一來，一個人立即可以想出好幾個人的構想。

問 6

A先生從出差地返回的途中，所搭乘的快速電車竟然動彈不得。但是，車內沒有任何訊息廣播，乘客個個焦慮不安。A先生詢問車長，得到的回音是：「沒有任何情報。」

於是，A先生給車長一個建議，讓他緩和乘客們的焦慮。

那麼，他的建議是什麼？

解答例

A先生給車長的建議是：「乘客是因為不明究理，無法掌握狀況而覺得心浮氣躁。既然沒有情報，就把『沒有情報』這個『情報』告知乘客。」

更重要的是，絕對不可把乘客棄置於沒有訊息的狀態。雖然車長明白「沒有情報」的狀況，但乘客在沒有被告知情況如何的時候，不安或拘束感的強度會節節升高。本題的車長認為並無可供傳達的情報之「內容」而不傳達，但乘客卻無法釋懷。

因此，誠如解答例，必須在車箱內廣播，暫且說明目前狀況，一有情報進來隨即告之詳情。

「不管是否胡扯，總之，在車箱內廣播在某時間之內一定能復原。」這個方案雖然可暫且緩和乘客的不安，但問題還是存在。同時，這類場合，消除立場上的對立關係也非常重要。

車廂服務員如果對乘客是一副官僚式的樣板口吻或態度，一定會招惹比一般更大的反感。只要就實際狀況，詳細說明自己的狀況，並表示「我也相當為難」。

當乘客也能理解「車廂服務員和我們一樣為難」，立場上的對立關係即減弱，乘客的緊張也一定會減緩。

而具體的因應對策是，「從廣播告之裝有電話的車廂。要求每個人儘量長話短說」、「出租行動電話」、「降低車內溫度」、「播放音樂」、「播放收音機或電視上的情報」等。

「在車內播放車廂外的風景介紹，如『右手邊所看的是……』」，這個方案雖也是可能想到的一種構想，卻有點不切實際吧。

超構想的重點

瞭解問題的構成要素，應對就簡單

把問題點確立，雖是問題解決的根本，但通常為人所疏忽。

本題必須先分析乘客為何「心浮氣躁」的原因，並明確地掌握。

心浮氣躁的原因有以下幾種因素。

・因為不清楚狀況　・因為不安

・因為有束縛感　・因為無法與外界取得必要聯絡

・因為有被害者意識　・因為不知如何打發時間

其中會延伸其它因素的是「被害者意識」。如果可以給予緩和、消除，應可大幅減低焦躁感。抽絲剝繭地來看「心浮氣躁」，只要瞭解其內在原因，自然可以產生與之對應的適切構想。

問 7

在某條Y字形馬路上，距離道路呈分歧狀的二～三公里之前，經常大塞車。這個路段之後車流順暢，但來到這個路段之前的駕駛員們個個心浮氣躁。因此，警察為了紓緩駕駛員的浮躁不安，在馬路邊掛一個頗為用心的招牌。

你覺得那是什麼招牌？

解答例

警察在道路沿途，每隔固定距離設置一個標示距離車潮開始順暢的，路程與時間的招牌。例如：「距離阻塞消除地點還剩二公里」「距離阻塞消除地點還有二十分鐘」。

我們會感到焦躁不安，是在什麼時候呢?不能預測近期未來、被束縛、不知如何自處……。這和前一個問題一樣，當人陷入看不見未來、不自由、不安定的狀況時就會心浮氣躁。交通阻塞正符合這個條件。

從上空搭乘直昇機俯瞰而下，對交通阻塞的情況一目瞭然，但實際上在馬路上開車前進時，根本分不清楚。

若是高速公路或一般馬路的主幹通道，可以收到各交通單位或收音機的交通情報，但其他的道路，唯有到達阻塞解除地點，才明白從那個地方開始發生交通阻塞。

以這個問題而言，如果明白阻塞消除地點，並把這個情報隨時提供給駕駛員，必然大幅減緩開車族的焦慮。和解答例同樣的回答，還有以下各種。

「標示捷徑以及Y字形馬路前端車潮疏通的指示圖。」「標示距離阻塞消除地點每百公尺為單位的所剩距離。」「以二十～三十公尺左右為間隔，豎立數字牌，在Y字形叉路之前，從二十、十九、十八……依序降低數字。」

此外，做為緩和情緒浮躁的對策，還有轉移情緒的方法。

「故事或小說等有連續性的招牌」「猜謎的『問』與『答』的招牌」、或「設置從暖色系到寒色系呈階段變化的長形展示板。可以漸漸抑止高亢的情緒。也帶有美感，同時，為了消除枯燥煩悶，改變色系階段層的幅度而創造韻律感，也是方法之一。」

以上是這類答案的例子。

超構想的重點

誘導自我規範，最大的重點在於使人「信服」

人獲得合理的理由或看見未來的展望就能信服，能夠信服之後才有可能自我規範。而對於「信服的理論」有何種程度的理解？此乃誘導這類問題解答的重點。

譬如，如果是高速公路上長達三十公里的交通阻塞，一旦自己明白阻塞的狀況而前往，就能做某種程度的自我規範。縱然感到心浮氣躁，在已明瞭狀況的心境，其程度倒不嚴重。同時不斷地告知到達阻塞解除地點的距離，乃是對應這類理論之措施。

若有這類情報提供，駕駛者心裡明白「還有幾公里的路程」而能放心駕駛。同時，如果用更幽默的語詞來表現這些情報，更具效果。

問 8

通勤距離越遠，通勤時間當然越長。如果沒有座位，長時間站著更是辛苦。而且，看見後來搭車的人竟然先坐到位置，甚至覺得懊惱。難道沒有什麼好辦法，可以讓乘客不靠運氣而公平地有位置坐嗎？

解答例

A 設定幾個車站，到站之後讓站者和坐者一起交換位置。

B 把部份座椅設計為「交換椅」，用座椅的顏色做區分，每固定的區間交換站與坐的位置。

每個人應該都有這樣的經驗，雖是貼身的問題，似乎很難解決。因為，通勤時間非常混雜，根本無法期許乘客井然有序地輪番交替。如果座位百分之百被佔滿，而站著的人數稀少的情況，也可採用以下的方案。

「利用在銀行的提款機前排列的系統。」

但是，在不清楚先來後到的狀況下，這也有困難。同時，如果在乘車口裝設像銀行所利用的分配順序卡的系統，多數人根本無暇在短暫的乘降時間內一一取用此卡。

因此，也會產生莫可奈何的方案，諸如「比別人更早上班」或「車上不設置座位，就無好歹運之別（但不能坐）」。

有一點可能性的方案是，「設定一種讓坐的人事前告知站的人下車站名的設計。」

譬如，在各個窗口外欄裝置一個小畫面，坐在椅子上者按車站名表示鈕，就可將自己要下車的站名表示在畫面上。這種機器設置，以目前的電子科技來看，應該不是件難事。

解答例A，有如電影公開放映的形式，讓站者與坐者能瞬間交替位置。同時，正如「博愛座」一樣，車廂內設置「交換座」。

總之，關鍵在於能否成為一項規範。

超構想的重點

建立規範的構想之基本，在於「公平感」與「一目瞭然」

處於必須要求大眾守秩序的立場時，建立規範該留意那些地方而構想問題呢？精心設計之後，若無人遵守則毫無意義。大家是否能接納、遵守，重點在於「公平感」與「一目瞭然」。

譬如，在銀行提款機前排列時，從前是排成複數的行列。這個方法會出現順序輪廻時快慢的出入。趕時間者恐有令人等得不耐煩的不愉快經驗。目前已改成排一列的方式，消除了以往不公平感。以規範來看，排成一列的方式，遠勝於複數列方式。重新評估規範的制定，是服務一環中非常重要的要點。

問 9

我們在商店找不到自己想要的東西時，向店員打聽，經常得到他們若無其事的回答：「只有陳列在店裡的東西，如果沒有陳列就沒有。」消費者聽聞此言都感到不滿，該怎麼說才能讓這樣的店員盡心工作並反省一些？

解答例

A 告訴這樣的店員：「如果店員只剩像你這樣的人，倒是貨品不足啊！」

B 問對方：「你如果被迫辭職，還有其他的工作可做嗎？」

不負責任、沒有業績概念，更遑論CS（顧客滿意度）。這種人真令人懷疑還能在商場上立足？但實際上卻有這種店員。而且，還有人不管顧客的需求，圍成一堆東家長西家短地聊得起勁，碰到繁忙的時候，即使有顧客打招呼，也緊閉尊口對顧客不理不睬，像似遇見魔煞一概拒絕往來。

因此，本題的目的就是向這類店員報一箭之仇。基本上有以下幾個方案，對當事人造成精神壓力的「壓力對策」、向上司或總公司告狀的「抗議對策」。喚醒對方職業意識的「職務意識刺激對策」，以及訴求人之尊嚴與榮耀的「自尊刺激對策」等。

「告訴對方：『董事長命令我到處巡視店員對顧客的應對態度。』」

「在商店裡告知欲向店長投書的打算。」

「面帶微笑地詢問：『我有事請教貴店長，請告知貴店長的姓名。』」

以上是從正面或側面給予諷刺與精神上壓力的戰略。

「請求店長或其他上司前來處理，同時對店裡的管理發牢騷。」

這當然是抗議對策。

至於「找不到所要的商品，就強索折扣。」這種做法似乎已偏離主題了。說不定還被當成惹人嫌的顧客。而讓對方反省職務上的立場，可以有此一問：「你是為什麼站在這裡？」

解答例的A、B是刺激自尊策略。

超構想的重點

造成衝擊的有效構想所不可或缺的是，分析對方的立場與意識

創意或構想絕不可專斷自為。如果完全只為自己，只要自己滿意就行。但是，不論是任何活動企劃或商品開發，一般都存在著人這個對象。

當新產品打入市場之際，會進行消費者的意識調查。如果該產品是個新嘗試、未曾有之的嶄新物品，還會預測商品問世後消費者意識有何改變。同樣地，研擬某項創意或構想時，**必須分析日後成為對象的人之立場或意識，考慮其最大效果。**

在本題的例子中，必須推測該店員個人意識的立足點，判斷應該從那個方向進攻。即使只是丟下一句狠話，也必須讓對方大傷腦筋。

問 10

高速公路上常見類似「打瞌睡危險！」的標誌。但是，問題並不在於可以看見此標誌的人，而是目前正昏昏欲睡的人。對於這些人，有無更好、更有效的對策？

解答例

A　在一定的區間或經常發生車禍的地點，當車輛經過時，讓駕駛員聽見警車巡邏的響聲。

B　路面做成凹凸狀，利用輪胎經過的震動聲發出「危險！」的警告。

本題的重點在於，如何讓昏昏欲睡而無法看清楚「打瞌睡危險！」標誌的駕駛員一個適當的警告。

因此，類似「在電光揭示板上播放男女正要進入火熱高潮的畫面。」「在馬路附近設置香艷火辣的聲色場所。」這類方案雖然構想獨特，但只訴諸視覺上的刺激，未必有效吧。

同時，還有風紀上的問題及造成注意力散漫，也非值得稱許的對策。

不僅視覺，儘可能訴諸聽覺、觸覺、嗅覺及味覺等五感，必須做意外性的演出。

以解答例A、B為首，還有類似的方案如「設立空中射擊場等，發出巨大聲響的設施。」「播放交通意外的碰觸響聲。」「利用巨響（警鈴聲、衝撞聲）、強光、路面的衝擊，不快的惡臭等刺激五官。」

以上是給昏昏欲睡的人某種打擊，而叫醒駕駛員。

另一個對策是，讓這些人可以真的躺下來休息的構想，諸如以下的方法。

「我曾想過在服務站、停車站可否設置休息室之類的設備。長途駕駛中想躺下來休息，也沒有打瞌睡的地方。是否可以在服務站或停車站之外，設立類似休閒健身中心等可以鬆弛身心的設備？」

目前某些地方已經有可以沐浴的服務站。但是，國內仍屈指可數。

我覺得在一定的區間內應該設置這類設施，或費用低廉卻能暫時小憩的場所。

超構想的重點

克服因循老套，是孕育豐富構想的基本

對構想力而言，墨守成規是最大的敵人。如果因睡眠不足造成駕駛途中昏昏欲睡倒莫可奈何，但即使前晚已充分取得睡眠，一旦車子行經毫無變化的直線距離且遙遙無期時，自然會產生睡意。

雖然處於誤差一秒危害一生的危險狀態，但這是外在條件已成因循老套化、缺乏刺激所造成。而即使是五官刺激，一旦持續同樣的刺激，也會變成因循老套化。同樣地，每天過著缺乏變化的生活，也會使我們的構想力陷入沉睡。

其因應對策並不困難。譬如，搭電車上班的人，偶而可變更一下路程。和公司以外的人積極往來。即使沒有購物的需要，也到百貨公司逛逛。到平常未曾涉足的年輕人街區走走。

這一點點改變就大不相同。

問 11

通行費節節升高而交通壅塞仍日益嚴重，對高速公路的不滿真是一籮筐。但是，卻沒有地方可以發洩這類不滿，駕駛員的焦慮一路暴漲。除了消除交通阻塞之外，有沒有使高速公路變得更快適的方法？

解答例

根據壅塞的距離，實施通行費折扣服務。如果是都會區高速公路，每壅塞五公里折扣一、二十元，或分配在下次上高速公路時可以使用的折扣券。

目前一般人對高速公路的不滿或產生心浮氣躁的原因，主要乃是問題中所提示的通行費過高與交通壅塞吧。此外，還有自用客車、大型卡車混雜其中難以通行、收費站雜亂設置、空氣骯髒等等。如果「不走高速路」「不開車」就不會有以上的不滿，但話卻不能這麼講。除了「聽音樂」「小憩」等自衛對策以外，還有其他因應之道嗎？首先想到的，大概是排解駕駛員情緒的方法吧。

下面的解答就是採這條路線。

「在高速公路的外牆上描繪漫畫或圖畫。」

「在收費站設置申訴錄音設備。寥勝於無地替使用者消氣。」「採寺廟神社的奉納方式。根據建設費用的負擔比例（包含間接稅），在高速公速側壁填寫名字。譬如，一想到××路段高速公路的一部份（僅只一小部份）寫上自己的名字，多少可以消除心中的煩躁吧？）」

最後這個解答之著眼處雖有趣，但其效果倒很難說。

至於給駕駛員某些利益或方便的方案，除了解答例之外，還有以下的對策。

「標示其他通行的路線。」「利用FM的高速公路通信卡拉OK服務」「在高速公路上利用摩托車等交通工具，實行各種服務。」而從體系面來研擬對策的方法有以下各種。

「看壅塞的情況限制搭乘人數。」或考慮讓超越某面積或重量的大型車，改走一般道路的疏散系統。不過，「根本的問題只有環狀馬路的多層構造吧？」

超構想的重點

消除不滿的對策，必須呈現使人誠服的「合理性」

不可讓顧客感到不滿。這是商場上的鐵則。首先，建立一套不會使人心生不滿的體系，萬一有所不滿，必須講求迅速而適切的對策。這時，該留意那些地方？

造成顧客不滿的典型是，對於所支付的金額，無法獲得相對的收穫或服務吧。對高速公路的不滿也肇因於此。它令人無法信服。像解答例的「根據壅塞的距離，實施通行費折扣優待」。這本來就是理所當然的服務，但若是官僚派的構想，就不會有這個答案。

任何人都能理解的合理性、透明感。建立不會造成不滿的體系或不滿對策，必須以這個構想為根本。

問 12

A公司面臨人際關係所導致的重大壓力問題。因此，最近基於職員精神健康的觀點，公司內設有「消除壓力室」。但是，尚無具體的內容。請各位想想，那一種使用法最恰當？

解答例

準備和人一樣大的稻草人及一把竹刀。把稻草人當做令你討厭的上司，用竹刀盡情地砍打直到消氣為止。這是最適合消除壓力的方法。

消除壓力有各種方法，例如，使身心鬆弛、利用運動等肢體活動發洩精力、投入興趣領域轉換情緒等。附帶一提的是，兒童消除壓力的方法之一有「漿糊屋」。

這是在地板上鋪大量的漿糊，讓兒童在上頭自由遊玩的方法。兒童在黏瘩瘩的漿糊內東倒西歪，快樂地四處跳躍，正可以消除他們的壓力。而本題可以說是構想成人版的漿糊屋。基本上還是基於消除自己壓力的觀點來設想。

那麼，實際上有那些方法？

「房間裡大量放置盆栽或觀葉植物，用一片綠來掩蓋，再用錄音帶播放鳥叫的聲音。」

「播放令人舒適的輕音樂，在大螢幕上放映海、山等風景的壯觀景象。」

「利用小型天象儀在天花板上投影星座。讓人把思緒暫且遙寄於這個假想的廣大宇宙間。」

「取來各種印度的線香，做一個每天可以品嘗不同香味的房間。」

以上的做法雖有不同，但都採取身心鬆弛的路線。

「設置舉重、啞鈴等各種健身器材」，這是利用活動肢體以渲洩壓力的方法。解答例雖然也同樣是活動肢體，但卻是如文所示，擊退造成壓力的「原因」以獲得舒爽的方案。

如果還備有上司的面具，也許效果更佳。

此外，還有其他方案，如「放許多簡易床鋪，做一間小憩室」、「做成坐禪的道場」。

超構想的重點

割捨外在體面，發自眞心去構想的勇氣，才能創造犀利的見解

黑烏鴉硬要說成白的，難以入口的酒不喝也不行，這個世界可真難為呀！但是，在構想的世界中，如果一直以傳統的理念來構思，絕對無法浮現好的構想。**暫且釋放因利害、人際關係盤據糾結的情緒，發自真心去思考問題吧！**

以這個問題而言，應該探討自己的真心本意，想想如何才能真正消除壓力、使心情舒暢、發洩鬱悶？

在消除壓力室內放置各種紓解壓力的道具之構想，通常較容易出現，而「準備稻草人與竹刀」若非真有此念頭，是無法想出的構想。

犀利的創見源自你的真心。

第二章

基礎篇

★各位的頭腦在暖身篇緩解之後，接著進一步朝基礎篇挑戰。本篇主要收集實際見識過的商場現狀之問題。請活用在暖身篇所磨練的構想力，儘量想出與解答例分庭抗禮的妙案。

問 13

F飯店的大廳，變成一群來路不明且不太友善的人逗留之處。這關係著飯店的形象，因此，經營者K心生一計，以安穩的方法成功地把這些人掃地出門。

他是使用什麼方法？

解答例

A 經營者K暫時把放置於F飯店大廳的沙發椅全部拆除。原本聚集的人群失去場所後就不再來了。

B 請求警察在大廳巡邏。

這個問題的重點在於「安穩的方法」。

不過，溫和地向那些人告知：「因為外觀不好，請各位離開。」大概也行不通吧。除此之外，還有那些方案？

在探討問題的「解答」之際，有一種方法是，倚賴自己的靈感，憑自己所能想到的任意列舉出來。它有時極具效果，但是，如果必須在一定的時間內找出具有效率的解答，必須抱定「朝某個方向思考」的方針。如果沒有設定方向，一旦腦中浮現一、兩個方案，往往會把該解答視為絕對的方策。

或者因此而陷入膠著。這個問題應該可以從「利用物理因素排出」及「利用心理負擔排除」這兩方面來進攻。

解答例A是利用物理要因做排除的例子。「把大廳整修成餐廳」、「變成會員制的飯店」或「禁止在大廳內抽煙、使用行動電話」。

以上這些答案，從設定某些限制的觀點看來，都可以算是這個分類吧。做為利用心理負擔的排除，除了解答B以外，還有以下等方法。「在飯店大廳做掃除工作」「把場地免費開放給當地的廠商，或舉辦活動。如果，用這個場地舉辦兒童遊藝會，兒童會四處走動、顯得吵雜，結果讓那些感覺不太好的人難以靠近。」

第三個答案是刻意製造走錯地方的感覺，而更時髦的做法是以下的方案。「舉辦迪士尼玩具拍賣會，米奇、米妮等迪士尼偶像覆蓋著整個大廳。同時，在大門入口的警衛旁邊放一個巨型娃娃，用笑臉迎接他們。」最好把構想擴展到這個地步。

超構想的重點

提高抽象度，可使構想更爲膨脹

在限制的時間內有效率地探討問題的「解答」，該怎麼辦才好？以這個問題的例子而言，當腦中浮現諸如「拆掉沙發椅」等具體方案時，應該試著提高解答的抽象度，譬如：「將它抽象化，會是何種景況？」如此應可以想到「利用物理因素的排除」。

接著再重新探討具體方案，以這樣的步驟來思考，較容易找出其他解答。另一方面，如果覺得並沒有其他抽象化的項目，腦海中會較自然地浮現「利用心理負擔造成的排除」之方案。

如果一開始就已想到：「這個問題可從利用物理因素的排除及利用心理負擔的排除兩方面來思考。」這真是了不起。接著再從這個思考模式慢慢地想出不同的方法就行了。

問 14

在Q百貨公司內常有顧客順手牽羊，負責人T先生為如何防範扒手而傷透腦筋。有無消除扒手的好辦法？如果找不到好辦法，請想一個減少扒手的「標語」。

解答例

A 標示曾經因扒手被逮捕的人數。

B 在店員的胸口上掛一個牌子，上頭寫著：「想順手牽羊者，請大方地告知我們。」

方法可從硬體與軟體兩方面做預防扒手的環境，或喚醒想順手牽羊者沉睡已久的道德觀、降低其迫切慾望的做法等。最現實的標準答案，大概是「所有商品使用百貨公司專用的金屬吊牌。在出入口設置金屬檢測機，任何沒有經過櫃臺的商品，在出入口會發出響聲。」

事實上早在販賣電腦軟體的商店，已經採用同樣的方式。但是，在此我們再來探討其他解答，看看能夠把構想發揮到多大的程度。

除了文頭所提示的百貨公司方面加強取締的方策之外，還有「用鏡子做成天花板」、「大量設置假的攝影機」、「各地增設擴音器，隨時廣播：『請不要順手牽羊。』」等方法。

不過，「做……廣播」的做法似乎火力不足。倒不如刺激扒手的潛在意識，輕微地播放警車的巡邏聲。

至於標語，有以下數種。「本店有攝影機在所有的角落監視」、「即使順手牽羊，帳單仍會寄達貴府」、「曾有扒手行為，將無法再度光臨本店」。

而獨特的方法是像解答B製做「掛牌」或「設置一間扒手體驗室，讓顧客自由偷東西，沒有被發覺者即有得分，最後優勝者將拔擢為取締扒手專屬委員，成為臨時職員。」

這個方案是著眼於喪失、轉換扒手的居心這一點上。

超構想的重點

限制人之行動的構想，如果著眼於動機因素，將會源源不斷的湧現

在職員教育上，極重視「動機因素」以刺激工作意願，同樣地，在構想領域中，以人的行為為課題時，把著眼點放在這個地方也能獲得獨特的構想。以這個問題而言，是利用「相反動機因素」使因為物慾、生理、好玩等各種動機而想順手牽羊者的情緒。

以往的對策，主要著重於物理上的預防或心理上的施壓。

各種防範系統或「不論金額多寡，扒手的行為一律向警方通報。」這類警告文就是其中一例。

只要著眼於動機因素，就不會被既存的構想束縛，而能產生像「扒手體驗室」之類的嶄新構想。

問 15

我想以使用天然鰻魚為招牌，開一家鰻魚燒烤店。除了直接了當地表示：「本店使用天然鰻魚。」之外，有沒有更具效果且生動自然的宣傳方法？

解答例

「為求料理之鮮美可口，本店使用天然鰻魚，但萬一料理中誤藏釣針，請告知本店。」或把類似的文句印刷在裝針的袋上。

本題的重點在於如何有效果地表現「使用天然鰻魚商店」的「形象」？雖然直接了當的張貼告示，乃最簡便的方法，但既然擁有可以和其他料理店一爭長短的差別要因，最好能夠適切地宣傳。而且，訴諸人所具有的印象喚起力或聯想力，毫無疑問地遠比直接表現法更具效果。

如果是具同樣機能的商品，我們會選擇「形象好」的一方，同樣地，在選舉中也有不少人是以形象做為投票基準。所以，廠商或廣告代理店處理對象商品或助選智囊團推薦候選者，是如何處心積慮於提升形象，已不難了解了。那麼，以本題而言，有那些對策呢？大致可以區分為視覺訴求、背景訴求及命題訴求吧。

視覺訴求是利用水槽內放置實物大的天然鰻做展示的方法。「在店內懸掛垂釣鰻魚的照片」，這也是基於同樣的構想。而背景訴求究竟為何？恐怕較難理解，此乃顯示處理鰻魚的背景的方法。這和視覺訴求有所重疊，不過，重點置於「背景」。

「處理鰻魚中出現的釣針、釣線或所垂釣的河川之照片、漁師的照片等，展示象徵天然魚產的東西。」

這個方法以及解答例都屬於背景訴求。至於命題訴求，可以用名稱加深印象的方法，例如：

「×××鰻，用取得鰻魚的河川名稱為店名。」

事實上，可以把上述的方法組合成自己的店面。

超構想的重點

聯想空間留下餘白，印象會隨之強化

一般，我們把想像心象或記憶心象、知覺心象統稱為「印象」。而不論是否意識得到，人就是根據各種不同的印象做判斷或採取行動。

若要強化商店或商品的印象、提高商品價值，只管活用人所具有的這種印象力。

而要喚起印象，在聯想空間留下餘白，使人自由串聯想像較具效果。

以這個問題而言，同樣貼一張紙告示，像解答例一般「萬一料理中出現釣針，請向本店通報。」這個做法遠比直接表示：「本店使用天然鰻。」給人的衝激感較強。

問16

某家量販店連日來買氣大旺。

但是，令人煩惱的是，顧客購物之際用「滑動車」將商品送到櫃台的程序非常零亂。購物完畢，有許多顧客隨意將滑動車放置而離去。有無良好對策。

解答例

建立一個系統，讓顧客租借購物車時索取一定費用，待退回購物車時，費用又退還給顧客。結果購物車的使用和往常一樣是免費，又方便整理了。

基本上只要有負責整理的人就沒問題，但工錢卻非同小可。同樣地，在購物車裝馬達或偵測器，做自動回收的系統，也是成本過高。如果有充分的空間，可設置一個貨物裝載處，在那個地方讓顧客從購物車把商品裝在車內，但這個方法也必須設施的擴充，有其困難之處。

因此，最好是訴諸顧客的道德觀，讓大家養成退回購物車的習慣，但是，如果利用張貼告示或廣播一再地提醒顧客，反而會帶來排斥感。

這個方法中較有希望的是呼籲：「為教育孩子，請和孩子一起退回購物車。」這遠比直接訴諸成年人的道德觀，手法間接且感覺較好。對帶孩子前來的顧客較有效果吧。

最後，應該會想到像解答例的構想，這是租借腳踏車或觀劇望眼鏡最常使用的方法。早已有人採用不放硬幣無法取出購物車，購物車送還時硬幣自動退還的自動化系統。

把這個構想做得更有效果的是，設計一種系統讓退還購物車時隨即贈送點券，根據點券收集的數量可獲得獎品。這也是增進顧客回流的促銷手段。

「設計一種讓協助購物車整理的顧客，在專用的卡上累記得分的系統，根據得點贈與折扣券。」這個方案也是上述的另一個翻版。

超構想的重點

對行動做了成功的註解，即能誘發自發性的行動

這個購想的醍醐味，在於巧妙而不失苛薄地誘導，並利用顧客潛在具有的勞動力。所謂 Self-service 或自助餐方式，稱呼雖是形形色色，但想法基本上是一樣的。

如何不讓顧客產生被利用的感覺，**巧妙地製造出讓顧客主動協助的誘因？**這正是重點所在。

顧客為何不把購物車送回既定的場所？因為，購物完畢後，購物車已變成「毫無意義」。因此，若要誘導顧客「送回」的行動，必須讓這個行動對顧客產生意義。只要壓住這個要點，接著將會浮現各種不同的創見。

問 17

有一個行為粗暴、愛鬧彆扭又作惡多端的幼稚園童。即使對他動怒、斥責，也依然故我。有無好好管教他的妙案？請想一個讓當事人自然不再有這些行為的方法。

解答例

把這名幼稚園童動粗、鬧彆扭又作惡多端的場面錄影起來。當那個小孩心情好時，把錄影帶放給他看並解說：「這個孩子是誰呀？不乖喔！」

一般性的調皮搗蛋或表現略微粗暴的行為，對精力過盛的幼兒而言，乃稀鬆平常之事。

但是，行為過於粗暴或耍賴、做壞事，惡行累累而屢勸不聽時，多半是心理上的壓力或慾望無法獲得滿足所造成。

這時，可能是家庭環境出問題或父母的育兒方針出現偏差，因此，必須採取教育上的對策，讓親子一起接受心理治療或為其消除壓力源。

但是，這裡所要求的是：「請想想讓當事者自然不再做這類行為的方法。」因此，思維必需朝技術方面的回答來考慮。這時，可從三個方向性來推敲。第一，讓當事者的行為客觀化。第二，使其改變立場。而第三則是將其行為無意義化。

首先，解答例正是第一個方向性的回答。在實際的實驗中，看見電視畫面上出現自己為惡多端景況的幼兒，會出現以下的反應：「這不是我啊！我是好孩子呢！」從此之後，就不再有過份調皮搗蛋的行為。

第二個方向性所考慮的方法是：「讓他在年紀較大的兒童圈裡玩」、「粗暴而有危險性的孩子，如果是小班就讓他讀大班（當然是暫時性，也必須取得父母的同意。）」「讓他照顧行為更惡劣的孩子」。讓他照顧比自己更壞的孩子，這個方法從實驗結果看來，也是相當實際而有效的方法。

第三個方向性的做法則有「暫且無視於他的存在」、「什麼都不理不睬，任由他去。一旦被疏離，自然就痛改前非」。

超構想的重點

可適用於自他的「自我對象化」的方法

在精神醫學的範疇內，神經衰弱患者的治療方法之一是，讓他寫日記，然後再讓患者本身反覆閱讀。這是讓患者以客觀角度看待自己的方法。把行為過於粗暴的幼兒之模樣錄影起來，再讓當事者觀看的解答例，也是讓當事者客觀地看自己做了什麼行為的方法。

把自己對象化的方法，應該也能應用於職員教育。同時，也可適用在自己身上。

不論是商品開發或新服務的提供，只要是處理以人為對象的事情，必須深入瞭解人。若要做到這一點，把自己最貼近的人，亦即「自己」對象化，從客觀角度仔細觀察是非常重要的。

問 18

對幼稚園經營者U先生而言，為改善經營內容，如何減低經費是最大的課題。尤其是削減人事費，該做何轉變呢？非常渴望引用適當的經營系統……。

不過，並沒有考慮減少人數。

解答例

A 縮短看管幼兒的時間，減低人事費。

B 標榜家長一體化教育，讓幼稚園兒童的家長以義工身份參加。或者，僱用家長做臨時性的職員，讓他們處理簡單的工作。

提到縮減人事費，最傳統的做法是，裁員或減薪。但是，這裡附帶有不裁員的條件。因此，可從減薪的方式來考慮，不過，如果勞動條件和以往相同而減薪，一定會招來抗爭。

此外，還有什麼好辦法？

這時，可從時間這個「外器」及勞動力這個「內容」兩方面來設想。

首先從時間來看，可以採取縮短看管幼兒時間的方法。譬如，減半以往看管的時間，把教材交給幼童，讓他們回家學習。採用這個方法，即使減低職員的薪水，大概也難以抱怨吧。解答例A正是這個方法。

但是，如果雙薪家庭較多時，恐怕無法變更這個經營系統。同時，也許會影響到收入。

其次，如果著眼於勞動力，情況會如何？有一個方法是，採用某種器材，讓某些課程變成無人化狀態，但是，對象是幼兒，這也有難處。

剩餘的方法，是引進免費代替勞動力或低報酬勞動力。

「和大學等教育學部合作，協助學生的實習，教導園童的是學生，指導學生則是專業老師。」

「聘用學生、有經驗者為助手，確保人數。其實應該有老師必須處理的工作，以及助手立場的人可以應對的內容吧？」

除了這些例子之外，解答例B也走同樣的路線。

超構想的重點

「改變外型、改變內容」只有這樣的構想也能產生相當嶄新的創見

一般人提起「構想」總以為必須思考特別新穎的事物，其實並不然。有時只不過改變既存事物的外型或其內容罷了。

譬如，假設有一個杯子外面印有一隻可愛的貓，杯子內放了咖啡。接著，我們把咖啡改倒進去一個以黑色為基調的時髦杯子內。內容雖然相同，但你是否覺得它的價值已產生變化了呢？

如果是一個商品，同樣一個內容，可以利用豪華的包裝或提高價錢的方法，或者改變其內容強調其優點，甚至訴求與其他商品的差別。

「外型或內容」只要有這樣的構想模式，就可能創造嶄新的商品。

問 19

T公司是販賣「老人用尿布」的公司。但商品形象卻差強人意，因此，希望有一個較好的名稱。

希望各位為它想出一個顯得開朗而獨特的名稱。

解答例

A「舒爽褲」　B「快適褲」

C「黃金褲」　D「銀髮褲」

E「保護墊」　F「壽老人」

命名乍看下輕而易舉，其實是相當難的作業，想出一、二十個無用的名稱，而以為「再多也不難」，這可是大錯特錯。即使名稱層出不窮，如果是無用的作品，和垃圾並無兩樣。雖然，某個程度的數量是在所必要，但重點在於品質。到底還是最初的概念最重要。反之，從命名也可以大致瞭解是否確實掌握了概念。

除了解答例之外，還有「用完可丟褲」「銀髮褲」「幫寶適」「新型調整型褲」「安（an）sheet」等名稱。

「舒爽褲」「快適褲」「用完即丟褲」等名稱，恐怕不費功夫即浮現腦海吧。但是，它們並無獨自的概念，以創意力而言，並不豐富吧。而「黃金褲」「銀髮褲」「銀髮用品」這些名稱可看出略下功夫，但它們都被銀髮族所使用這個觀念所束縛。

「壽老人」在這一方面也是一樣，不過，它的奧妙在於利用七福神中的壽老人。如果把他用「Jurojin」的英文字母表現，也許會有意外的效果。

「幫寶適」是轉用既存的嬰兒紙尿片之商品名，用語上並不太好。同時，「新型調整褲」的名稱，似乎過於扭怩作態吧。

在列出的答案中，「安（AN）sheet」這個名稱，流露出不刻意標榜的機能與安全感，算得上是較高明的名稱吧。

超構想的重點

思考名稱是最佳的構想訓練

思考名稱之際，有一個使構思泉湧不斷的方法。「漢字、羅馬拼音字、英語等組合」「機能、用途、語感優先、無特殊意義」「直接表現、間接表現」「認真、獨特」把上述類別的各項目以乘法的方式串連起來的方法。

暫且把它稱為**命名方程式**。

譬如，英文×用途×直接表現×獨特感，就是「Silvers」的表現法。思考名稱，是最好的構想訓練。請儘量活用。

在語感印象調查中，從資料顯示，個人的語感印象有其普遍性。如果想創造一個受人歡迎的名稱，務必也能瞭解這個現象。

問 20

在商場上，商務洽談或參與會議乃不可或缺。但是，有不少情況令人覺得只是浪費時間。參加者為要出席而必須騰出寶貴時間，因此，希望能有一個具有成效斐然的會議。有無提高效率的妙案？

解答例

根據議論的階段，把會議分段舉行，如「說明會議」「意見交換會議」「結論會議」等。即使僅只一個議題，卻因為會議中已鎖定內容，自然能提高效率而在短時間內結束。

大致區分，可分為著眼於環境設定的對策，以及著眼於效率不彰之原因的對策。在環境設定這方面，最誠實的方案是「儘可能輕鬆自在的打扮」。這對參與會者是難能可貴的方案吧。不過，光憑這一點無法斷定是否能節省冗長的會議。為了使溝通儘早達成協議，也有人提出方案：「若有會議桌，將它拆除掉，試著縮短個人的距離。」這個方案如何呢？

比較具有實際效果的，是以下的方法。

「拆除椅子，成為立席會議。」

「在用餐時間之前舉行會議。」

「把必須使用的時間和會議時間重疊，藉此節約時間。換言之，在午餐或早餐時間舉行會議。」

不過，令人擔心的是，恐會對會議內容造成不良影響。

著眼於冗長費時的理由而講求對策的例子，有以下各個方案。

「會議中出現模糊論點而曖昧其辭的人、金口不開的人、只做間歇性附和『but,however』的人。造成會議上無法凝聚結論，乃是因會議已像影劇一般做好角色分配。化解個人的角色，每次更換司儀，光憑這一點就足以使會議全然改觀。」

「事前分發會議資料。」

「事先決定負責人，負責人整理會議內容，在會議中以它為激辯對象而逐步進行。」

「決定質疑問答時間與決議時間。重點在於議長是否能確實下定結論。」

解答例的奧妙之處在於，把會議內容細分，根據會議進行過程，分段開會。

超構想的重點

要素混合型的問題，利用分割各種要素而採取對策的構想較有效

想綜合處理卻找不出答案的難題，只要分割處理，有時即可迎刃而解。以本題而言，雖然可以採取強硬方法：「即使沒有結論也一定讓它結束。」但是，為了根本解決問題，應試著把造成會議冗長而浪費的原因細分出來。

・沒有交談的法則　　・在會議中思考問題
・議論的種類或階段、層次混雜在一起　　・事前的情報不足
・語言未共通化　　・看上司臉色而發言
・與會者的意識有代溝

如果把平日感覺到的問題意識化，列舉造成會議冗長而浪費的理由，具體對策自然因應而生。

問 21

Ａ公司是擁有數輛小型巴士的中小企業。某天，Ｋ股長直接聽獲董事長命令：「小型巴士的使用機會少，想想有什麼活用法！」

因此，Ｋ股長心裡盤算著各種利用法，例如讓職員的午休時間過得更有意義。到底有那些活用法？

解答例

雖然有極大的時間限制，但如果把午餐改在移動中的車內，倒也能聘請鄉土歷史學家前來講解當地的歷史遺跡，做一趟短程的觀光旅遊。

本題的關鍵語在於「活用小型巴士的『有意義午休』」。解答例是把「有意義」朝啟發、學習的方向做解釋。

午休時間頂多只有一個鐘頭左右，它的時間限制非常大。扣除正在用餐的時間，自由活動的時間所剩無幾。

因此，這個構想是把用餐時間和移動時間重疊，就可能做近程觀光。

不過，多少會有匆忙之感。同時，在觀光點有限的地方，這倒也是個缺點。朝啟發、學習方面的活動法，除了可在巴士內進行短暫課程之外，似乎還有其他方案可想，其實可以把想法單純化。

午餐時間在飲食店不多的辦公街，有時會發生所謂的「午餐難民」。

因此，公司若位於這樣的場所，倒可以有效地利用小型巴士。

「利用小型巴士，接送職員到飲食店林立的繁華區。」

對於可以進入餐飲店用餐，但對一成不變的菜單感到厭倦的人而言，午餐的選擇更為寬廣，這不是一項令人額手稱慶、大受歡迎的服務嗎？

事實上，據說在美國的加利佛尼亞州山塔納市，公共交通和飲食店街共同經營在午餐時間往返的巴士，深獲好評。

這類小型巴士的活用法，對職員而言應該非常「有意義」。

超構想的重點

把課題做成某個關鍵語，就能對準構想的焦距

在創造構想或激發智慧之際，清楚地訂定「目前自己在那個範疇內，朝那個方向做思考？」的課題是非常重要的。

它看似理所當然，其實有許多是沒有正確把握課題，或自以為已掌握課題，實則在毫無概念的狀態下從事作業的例子。為了釐清範圍，可試著把所面臨的課題，轉換成一個用語或一句話。

換言之，**把課題的精髓做成關鍵語**。

在實際作業之前，如果能確實掌握所面臨課題的關鍵語，它彷彿磁石吸引砂鐵一樣，會形成使構想集中的磁場。

問 22

某釣具廠商為了突破商品賣況的低迷，決定舉行促銷活動。他們希望不僅藉機提高產品營業額，也能從根本上造成釣魚人口的增加。有什麼好辦法？

解答例

A 為了掀起話題，在各地流放有獎金的「夢幻魚」。然後大肆宣傳：「釣得此魚者，贈送一萬元。」

B 利用抽選方式，招待海外著名河川的釣魚旅遊。

提高營業額的基本對策乃增加釣魚人口、增加釣魚機會、出售廉價釣魚用具、介紹熱門釣魚場所，以及提供補強這類要素的話題等等。

「在店頭說明釣具的使用方法」，這個方式在增加釣魚人口方面是個不錯的構想。超級市場所舉行的面對面販賣，也有它獨特的效果。但是，既然是廠商所想標榜的「促銷活動」，最好也能顧及規模與話題性。

「用地圖介紹各地區的釣魚點，並在店頭分發各地區所必要的釣具、注意事項與享受垂釣之樂等說明書。」這樣的方案或者反應多媒體時代的「把釣魚情報做成CDROM化。或利用電腦通訊流傳。」這樣的方案都各有可取之處。

「如果女性對釣魚感興趣，必會吸引男性，因此，以女性為對象做一些設計。譬如，出售輕盈而色澤漂亮的女性用釣竿，或在釣魚區舉行女性釣客折扣服務。」這也是同樣的手法。

但是，做法雖不壞，但光憑這些措施在聲勢上略遜一籌。

因此，做為「促銷活動」必須用放煙火粉墨登場。「從海外取得珍貴魚類，放生於池塘等地，舉辦釣魚大會。」這是其中一例。解答例A是以放生的魚夾帶賞金而更提高話題性。

這時，根據流放地點是釣魚池或河川、大海的不同，懸賞金的額度或活動規模、宣傳效果也大不相同吧。

超構想的重點

有關消費或需求擴大的問題，可從「人口、意願、能力」三方面來構想。

在市場學的領域上，「人口、意願、能力」乃需要調整的三大要素。

簡單地說，「人口」是指增加參與者或提高每個人的消費額度。具體的方法有增加初學者、中級者或加速上級者的購買循環率。「意願」是指該如何創造讓消費者積極購買的刺激。「能力」是指讓消費者方便購買、容易操作、提高商品魅力。

針對提高營業額或如何擴大市場的課題而研擬構想時，請各位務必掌握上述的重點，正如保齡球所說的「Strike zone」。

問 23

T先生是某郊區個人洗衣店的老闆。但是，最近有一家比T先生的商店更接近車站的洗衣店開張，T先生陷入經營困境。他在洗衣店門前放置一個二十四小時服務的箱子，但有沒有更好的構想？

解答例

A 在比競爭店更接近車站附近，開設一個洗衣的收件站。也可以每天派出一輛「收件車」，即接收洗衣服務的車子。

B 避開競爭，遷移到住宅區。

和以往的方式繼續營業，但環境一旦產生變化，經營狀態會急速惡化。秉持以往方針加倍努力，也不得不面臨業績走下坡的遺憾。這是競爭社會常見的現象。

在毫無責任牽掛的第三者看來，也許只認為：「這無非是營業努力不足吧？」但對當事者而言，可是生死存活的問題。而且，即使努力營業，並非埋頭苦幹酷使體力就有成果。雖然它也是成功的條件之一，但在此之前，必須先動動腦筋。

實際上，T先生該如何突破困境呢？解決這個問題時，重要的是清楚地掌握陷入困境的原因。

T先生被迫陷入困境的原因是「立地條件不利」。對策是直接與它對抗，或不拘立地環境而以不同的觀點展開作戰。

解答例A是克服立地環境不利的直接對抗型。如果是從另外的概念展開作戰，則有以下方案。

「設計成看不見顧客面孔的櫃台，把店面改裝成有如賓館格調的內衣褲專門洗衣店。」

「實施衣物寄放服務（可收費）。公寓住戶都有收藏不足的空間困擾。在客人換衣服時，一併看管其衣物，將非常便利。」

「郊區的商店經營，基本上是車型公司。在馬路邊開設一家可坐在車內直接購物的商店，降低價格。」

同時，也有以下的方法。「實施送貨到家的洗衣服務。展伸為與當地百姓密切結合的跑腿型商店。」不拘泥形式，做實質上的考量。

超構想的重點

具有實際效果的構想，是源自不被形式所束縛，直搗本質所在而來

我們的思考力有時會令自己頗覺驕傲地靈敏，但也有四處碰壁而令自己反省是否喝酒過多的時候。

碰到這樣的情況，應該先退下一步，再一次地問自己：「本質是什麼？」「實質是什麼？」

以本題的洗衣店而言，一旦面臨「立地條件不利」的障礙，應該試著退一步，再度重估這個業態的本質。換言之，對洗衣業而言，其本質是「清洗」，營業上最重要的是「與顧客的接觸點」。只要掌握這個重點，應該可以想到以下各種方法。「內衣褲專門洗衣店」或與對手直接對決，在車站前派一輛「收件車」。或者轉型為「與當地百姓密切結合的送貨到家洗衣店」。

問 24

幼童的視線遠比成年人所想像的低。如果想到這個問題，應該有許多社會性的生活基盤必須重新整頓。

請舉出具體例子。

解答例

紅綠燈信號的位置。電梯內按鈕的位置。廁所把手的位置。公共電話的聽筒位置。電車自動購票機的位置。

這個問題在於如何單純地想到那些例子。而奧妙處是「視點的轉換」。

幼童的視線大約是離地九十～一百二十公分。一般而言，它是低視界，遠低於成年人的視線許多。

發揮想像力，利用這個視線高度，再一次模擬自己的行動範圍，應可找出答案吧。家中、馬路、交通機關、各種設施……重新模擬一遍之後，應該會想到各種答案。

除了解答例之外，在家庭或各種設施、設備上，可舉出以下各種例子。「樓梯的階差」「樓梯的把手」「電燈開關的位置」「百貨公司餐廳門口所擺設的菜單樣本的位置」「郵筒投函口的高度」等。

在馬路關係上則有「馬路的步行者與車道的横隔網」「道路標誌的位置」「道路邊的鏡子」。

而交通機關方面則有「巴士階梯的高度」「車站自動剪票口的高度」「電車的車門口與月台的落差」「電車的車門窗（站立時看不見外面的景觀會使幼童厭倦）」「汽車內安全帶的位置」等等。

我們在思索某事或研擬構想時，其前題是從那個視點觀看事物的態度。這個態度通常隨著年齡的增長而固定化。簡單地說，腦筋變硬了。如果前題已固著化，不可能產生柔性的構想。

這時必須刻意地改變態度，從其他視點去設想。例如：「從兒童的眼光看來會如何？」「從女性的眼光看來會如何？」

超構想的重點

構想的原點在「臨場經驗」

「百聞不如一見」是耳熟能詳的一句諺語。最近，很少人使用這類諺語，但它們的真理卻不會因此而腐朽。不論那個時代，仍然有許多應該向古人的睿智學習的地方。

從前，曾為某電視台節目的製作影片報告。那是從兒童眼睛的高度來看，社會會變成何種景觀的一項企劃。因此，攝影機擺在兒童眼睛的高度，拍攝街道的情景。結果，發現到另一個從大人的視點也看不到的視界而大吃一驚。

這表示實際到現場一看，必會有新的發現。即使是已知的事物，也有改變視點再次身歷其境的價值。當思緒陷入膠著時，務必採用這個方法。

問25

某企劃公司基於營業政策與提升形象，考慮凸顯「研究所」的色彩。但是，前來公司的多數顧客，幾乎對該公司沒有留下這樣的印象。有沒有什麼好辦法？不過，公司名稱不能改變。

解答例

想給對方的印象與公司實際的氣氛並不吻合，因此，配合一般研究所的形象，將職員的制服改成白色。

這是一個根據某個印象，全盤檢視腦海中儲存何種內容的問題。

前來公司的顧客離去時對該公司沒有產生「研究所」的印象，是表示這家企劃公司的氣氛和一般人所抱持的「研究所」的印象並不一致。

是否並沒有實際的研究活動？或者顧客所拜訪的場所遠離進行研究活動的地方，而沒有研究所的氣氛？詳情如何不得而知。

但是，既然渴望給人一種研究所的印象，只要儘量接近大家所抱持的「研究所」的印象，倒不是那麼困難的問題。

從「研究所」這個印象，我們會聯想到什麼？

實驗器材、實驗室、藥品、報告書、資料、資料室、專業資格證、許可證、研究員、教授、白色制服……把想到的要素隨意地列舉出來。再從中選擇可以扮演最接近研究所的印象。

當然，也可以做複數組合。

「在顧客出沒所及的場所，設置研究室」、「擺設書架」、「大廳上陳列開發商品」、「製作類似專業企業認定書的文憑，放入扁額內擺飾」、「聘請大教授擔任顧問」、「牆上張貼掛圖或資料表做為裝飾」。隨便一舉就有這麼多方案。

但是，最簡便又有效果的，應該是解答例的「白色制服」吧。

超構想的重點

豐富的創見是從「豐富的記憶倉庫」產生

縱然絞盡腦汁，也想不出一個好辦法，反之，不刻意思索卻有靈機一動的創見。這正是構想、靈感不可思議的地方。

「Inspiration」這個英文字，在字典上的解釋是「個人產生的構想」或「靈感」。它彷彿從天而降的智慧或靈力作用所造成的。果真如此，情報或知識的累積似乎並不需要。

但是，偉大的發現或創造，都是源自各種不同形式的累積。情報或知識會在背後產生作用。

所謂構想力，是和個人儲存內容的質與量成正比。千萬不要怠惰平日的儲存工作。

問 26

隨著幼童人數的減少，目前的托兒所也面臨僧多粥少的激烈競爭時代。托兒所必須打出「和其他托兒所不同之處」的特色，謀求差別化。請各位想想有什麼對策？

解答例

A 因應國際化時代，僱用外籍褓姆。以「讓幼童從小習慣道地英文」為號召。

B 除了幼兒的基本教養，也處理有關育兒教育的一般洽談。

保育園差別化的視點，有那些方向可尋。

如果只是創造話題，「以年輕男性為主要保育導師」這個方案也許可奏效。它也算是差別化之一吧。不過，基於此業種的性質，除了話題性之外，還希望有實質上的差別化。請試著列舉出有那些足以產生差別化的項目。

首先一提的是，最基本的教育內容上的差別化。同時，還有方便性、價格上、內部成員等的差別化。

「採取少人數制看管幼童」、「有系統地實施以智育為主的幼童教育，但確實告知家長，此地並不只是看管幼兒的場所」。

「引進洽談制度。目前兒童人數遠比從前少，有許多無法客觀看待自己的兒女，對教育方式感到不安的父母，因此，訓練家長教育法、做管教法的診斷，讓他們認識所缺失的地方。」

「成為直升大學的托兒所」。

以上是教育內容上的差別化。「供給自然食品的托兒所」。這個方案也可包含在這個分類。

至於方便性的差別化，則有以下各種方法。「成為二十四小時的托兒所」、「由家長任選時間的托兒所」、「成為可以在清晨或夜晚的時間外看管幼童的園地」、「有住宿設施的托兒所」。

解答例A是融合組織成員的差別化與教育內容之差別化的例子。它應該還可以做為形象戰略上的武器吧。

超構想的重點

檢查表是支援構想的最高手段

當我們必須購買各式各樣不同的商品時，在外出前通常會準備一只清單，購物中隨時檢查以免漏失。同時，為了避免錯失各種不同的行程，行動時一定會一一對照預定表。同樣地，**事前做好檢查表，對構想的摸索也有許多便利的地方**。

以本題為例，誠如前頁所列舉的，①教育內容的差別化有那些問題？②方便性的差別又如何？③價格方面如何呢？④形象上如何？⑤組織成員如何？⑥兒童特質上有何不同？一一列出項目再一個個研擬對策。

這方法的泛用性極高，可應用於各種不同的構想場景。

問 27

Y先生曾聽朋友A先生提及：「雖然我在法國有一棟別墅，卻鮮少利用。」後來向其他朋友一問之下，原來澳洲有一棟別墅的B先生、英國有棟別墅的C先生情況也是一樣。

請問對這些朋友及Y先生而言，有沒有什麼具有利益的別墅活用法？

解答例

召集擁有別墅卻沒有善加利用的朋友，成立一個互相租賃的系統。Y先生成立辦公室，做為運用中心給予事業經營化。同時，向想利用別墅者收取年費，出租也無妨。

週末必定前往，讓身心獲得鬆弛。某一定期間隱居起來，全心投入工作。做為接待客人的休閒基地，頻繁使用。別墅如果有這樣的使用法則有意義，但是，如果一年只利用數次，彷彿只是為了掃除而前往。如此一來，不知為何購置別墅了。

但是，擁有別墅的人，這種情況似乎頗多呢！在保存資產方面，或許並無妨，但實在是浪費至極。

問題是如何有效地活用這類閒置的資產。

構想上，首先想到的是彼此互相租賃的方法。這是解答例首先所提示的方案。這個方案對於已經厭倦每次都去自己別墅的所有者而言，可謂一拍即合。

「成立一個別墅登錄的俱樂部。會員可以自由使用俱樂部內的別墅，同時，和旅行社結合，擬定以會員為對象的旅行企劃。」這也是類似的方案。

但是，從別墅的使用頻率看來，這也有它的界限。譬如，組成一百名別墅所有者的俱樂部，別墅當然也有一百棟，雖然個人使用頻率比以前增多，也是差強人意。

因此，為了避免造成空屋狀態，自然會想到租賃給第三者的方案。費用可以用一天單位的合理使用費。也可以建立休閒會員証之類的系統。實施年費與使用費兩種收費制度。

超構想的重點

「市場分割構想」是創造新事業的寶庫

多數人使用同一個物件時，該怎麼利用才好？答案非常簡單，只要依照順序來使用。這是非常單純的問題，但實際觀察應用這個構想的例子，無不令人恍然大悟且大為感佩。

用時間來分割大型電腦的處理時間，所採取的使用時間分割系統正是其例。因為處理速度相當快，即使眾多利用者同時使用，外觀上卻是各自獨佔畫面。販賣給多數人設施使用權的休閒設施會員制，也是源自市場分割構想。

最近的流通業界，已經出現把一個人的勞動力分成收受訂單、整理貨品、檢查貨源等，用時間帶來劃分勞動力市場分配的觀念。市場分割構想還可以適用在各種不同的領域上。

第三章　實踐篇

★在實踐篇內，出題的重點在於既存的商業擴大對策或新製品、新服務的開發與創業。希望能夠充分活用暖身篇、基礎篇所培養的要領，發揮構想力來解題。能夠做完實踐篇，你的構想力一定會令人刮目相看地提高。

問 28

A先生最近離職創業，開了一個路邊麵攤。附近也有同業經營，常有門可羅雀之嘆，有沒有辦法可以凸顯和其它麵攤的差別，藉以吸引顧客呢？

不過，不想變更目前的場所？

解答例

A

B

A先生和顧客猜拳，顧客贏了就免費吃拉麵，成為一家「猜拳拉麵店」。

麵攤做成古代中國的宮殿模樣，播放宮廷音樂，老闆也穿著古裝服務顧客。在演出上下工夫。

對於這個問題，如果只想到：「只有美味、便宜這個答案。」必須特別注意。因為，你的構想力已相當枯竭。難吃又昂貴，顧客當然不會上門來。味道與價格乃是經營的基本。而且，問題是在這個基準下如何和其他麵攤有所差別。

不過，「利用臥底的人，擊垮其他麵攤的風評」，這種作戰策略也有它的缺點。碗內如果有一隻蟲就要索賠。或到處散佈謠言說：「那家麵攤難吃極了！」撇開這些放冷槍的手法，以這個問題而言，最好思考一些正面的作戰策略。

「發給前來的顧客折扣券，例如『一張折扣券可抵四個顧客。』讓曾經前來惠顧者攜帶其他顧客前來。」這是其中一個方案。

一般商店所實施的折扣戰，如果把它應用在路邊的麵攤，這樣的構想不也是挺有趣的？

這是給顧客特別優待的差別化，但是，同樣給顧客優惠卻又有活動性的是解答例的A。

如果想維持目前的營業額，必須計算準確率，把老闆落敗而免費提供的拉麵費用轉嫁在拉麵的單價上，但是，如果因為採取這樣的經營方式而增加顧客，就無需如此斤斤計較了。

這類活動的引進，應該還有其他各種方式。

譬如，吃完之後碗底若貼有「中獎」的標籤，這碗麵就免費。特意標榜「中獎拉麵」也是不錯的構想。

超構想的重點

在「人、物、錢」上頭添加「事、時間」再研擬構想，即可容易做出差別化。

差別化的基本是從人、物、錢、事、時間來進擊。我們用這個問題做為例子吧。

首先是人。名人經常上門光顧或某名人曾誇讚：「這家店的麵好吃！」而物是指，麵攤的外型儼然古代中國的宮殿，或極講究材質。錢則是「好吃又便宜」或有某種優惠。「事」則包含活動或可以在該處獲得新情報等。最後的「時間」是指「快速」或相反地「頑固的老闆在料理上從不馬虎而頗費時間」。

把這些項目放入腦海內，再思考是採用利益訴求型或娛樂訴求型、商標訴求型？從中再擬構想。

問 29

假設你是某啤酒屋的店長，希望你能想出一個至少能提高營業額二～三成的方法。不過，單品價格不提高。

解答例

放大店內音樂的音量，讓顧客不得不大聲說話才能進行溝通。拉開嗓子大聲說話，喉嚨會乾渴，啤酒的營業額必然會提高。

提高營業額的方法中，漲價是最常見的手段。如果無法做到這一點，只有增加顧客人數或增加每一個人的消費量。或者是這些方式的組合。那麼，如何使他們增加？這全憑構想決勝負了。

增加顧客人數的方法中，有「採用時間別折扣制」。這是根據時間帶改變費用設定，在顧客少的時間帶實施折扣以吸引顧客的方法。

除此之外，還有以下各方案。

「設立秀場時間，採交替制」、「增加櫃台座席」、「設計許多不舒適的座椅，提高顧客回轉率」、「實施二十四小時營業」。

如果不在意開店費用而只著重於營業額，也可以使用「開分店」的方法。也許給人一種期待落空的印象，但基於構想柔性的觀點而言，還是希望能夠想出這樣的選擇方式。或者，不開分店而在商店門前擺餐桌或使用移動販賣車，甚至有外賣的服務等等。從這些設想中應該還可以擴大各式各樣的觀點。

「增加啤酒杯的厚度」、「啤酒杯底墊高」、「增加泡沫」，這些方法嚴格而言，是詐欺的手法。顧客對這些地方極為敏感，反而有令人意外的觀察。

相對地，解答例或「免費送鹹薯條」、「端出超辣下酒菜」、「提高室內溫度使顧客口渴」。

這些喚起慾求對策才稱得上是良策吧。

超構想的重點

促進消費行動，如果從「興趣的喚起」與「生理慾求的刺激」兩方面來研擬構想，會提高實際效果

確實掌握消費者而提高營業額，必須從「意識」「生理」兩方面進攻。

以這個問題為例，可以想到成立一家「聚集全國各地所產啤酒的啤酒屋」，各地產的啤酒風味佳，一定可以增加顧客人數。而喚起生理慾求，是讓大家喧嘩吵鬧以致喉嚨乾渴，所謂快樂吵雜的演出就是這個對策。

某餅乾的廣告文句上寫著：「止不住手、停不住口！」如果可以製造一種生理慾求，一旦入口之後則無法停止的商品，對廠商而言，可是大大的成功。

重點如何拿捏，全憑個人功夫，但千萬不要忘記以上兩個要素。

問 30

最近的女性，尤其是年輕女性，對「清潔」近乎異常地偏好。但是，站在商業的立場，這也是目標之一。市面上早已開發出抗菌性鞋，但請思考針對女性「清潔」志向，未曾開發之商品或服務。

解答例

A　僱用年輕而有清潔形象的男孩當服務生的「清新吃茶」。如果是風化產業，可以成立一家聚集所有清潔形象男士的「清新牛郎俱樂部」。

B　使用抗菌素材的「抗菌大廈」。

女性「清潔」志向的主要原因，有對污穢的生理性厭惡感、疾病的預防及對他人的禮儀等。雖然其中有個人程度上的差別，但只要女性的「清潔」傾向如此根深蒂固，只要能開發與此志向吻合的商品或服務，一定大發利市。

在銀行業界已有添加抗菌劑的金融卡或引進ATM（現金自動存入支出機）畫面，這個潮流似乎還會漸漸擴大。

那麼，具體上有那些商品或服務呢？

這個問題的目標已相當明確，因此，①是以當事者為對象嗎？②當事者所使用的東西嗎？③當事者周遭的環境嗎？④直接的接觸物嗎？⑤間接的接觸物嗎？⑥非接觸物嗎？列出所想到的項目，接著再思考適合的方案或綜合各項目來考慮。

「消除體臭、清除脂垢、去除頭皮屑等，使女性自身清潔的服務。」這是以當事者為對象的方案。「開發隔離自己與外界的濕套裝等商品」，這也是一個方案。不由得令人聯想到ＳＦ電影的人物，但是，只要再稍微深入地鑽研構想，新商品的誕生也不無可能。

此外，還有以下各方案。「建立一個除了個人遙控器以外，不必碰觸任何東西就可生活的世界。」「抗菌手套」「抗菌寵物」等。

解答例的A是適用於餐飲業或風化產業的例子。既然有此構想，不如室內裝潢或一切用品全用抗菌素材處理，然後再召集具有清潔形象的男服務生或牛郎，話題性將更高吧。

超構想的重點

使用行列法，即可強制性地釋出複數構想

如果在毫無依據的狀態下，可以連珠砲式地產生構想，這是再好不過的。但是，現實可沒這麼好混。往往是腦中一片空白，或思路陷入死胡同內找不出新路來。這時最便利的是，製作一個創造構想用的行列表，強制性地釋出構想的方法。

問題的對象是人或物？是場所或環境？商品或服務？硬體或軟體？將這些對象或要素、型態或屬性等分割成行與列，做成行列表，然後一一去設想個個項目交錯重疊後的需要。相信一定會出現自己未曾想過的創見而大吃一驚。

問 31

隨著女性進入社會的人口日增，花費於家事勞動的時間相對地越來越少，自宅常是無人留守。因此，已經有人動腦筋提供直接的代替勞動力，或減輕家事負擔的商業型態的問世。但是，如果還要開發其他服務，還有那些可以做呢？

解答例

成立以男性（丈夫）為對象的「家事講座」。從「家事勞動是女性的工作」之價值觀變革，乃至習得實用知識或技術，給予修完既定課程者修業證書。

這是以女性進入社會為主題，而思考新的服務項目的問題。不過，附帶條件是「提供直接性的代替勞動力或減輕家事負擔的商業」以外的服務。因此，「早餐、晚餐到府料理業」「到府清潔業」等回答並不適切。

而以下各方案，結果也相當於提供直接性的代替勞動力。

「把飯店閒置的客房保留其服務，而分租給一般家庭。」

「附帶家事服務的獨棟戶、大廈、社區。」

「附帶托兒設施的大廈。」

「車站前保育園或與褓姆合作的幼兒教育事業。一般保育園開放時間以外的清晨、夜間等額外營業及交通便利乃重點所在。同時，不僅看顧幼童，還實施英語教育或智能開發等幼兒教育。」

解決附帶條件的方案有「地區情報的提供」。這是基於每日到遠地工作而缺乏當地情報的需要而來的構想。不過，這和自治團體發行的報刊雜誌或民間的交流新聞或地方雜誌有何不同呢？

宣傳手段是利用以往傳承的紙張或新媒體？必須有別於既存媒體的深入報導。

解答例是將視點轉換，並非提供代替勞動力，而是為了創造「新型代替勞動力」的教育型商機。從這些視點，還可以想到教導短時間又具效率地處理家事的方法，以及家事顧問等。

超構想的重點

「欲射將必先射馬」這種方式的構想非常重要

構想某個新型商業時，如果存在著社會上的需要（有些是挖掘出來的），通常的手段是，思考直接與該需要對應的商機。但是，也有暫且觀望，從側面進攻的手法，同樣是根據社會上的需要，但採取直接性的因應對策或從側面進攻，業種也會展現完全不同的面貌。當然，最後選擇何種商業乃依條件而定，但是，如果想有更多的選擇方式，這個方法倒能奏效。

附帶一提的是，在營業活動中，**優秀營業員絕不會猴急地做直接性的營業，一味地向顧客央求購買。**通常他們會設下讓顧客不得不買的陷阱，從側面進攻，挑動顧客的購買慾。

問 32

目前的保險業已開發各式各樣的商品，如果以駕駛員為目標，今後還有那些極具市場性，又前所未有的新式保險呢？請列舉出所想到的項目。

解答例

A「在某固定年數內，沒有發生任何交通事故時，可取回保險金的優良駕駛保險。」

B「因汽車自動行駛系統操作錯誤，造成違反交通規則時所支付的違反交通規則保險。」

C「汽車被拖吊時的拖吊移動保險。」

以往以駕駛員為對象的保險，主要是發生事故時的保險。可從兩個方式來著想。其一是，這條路線中有無新的保險可以開發？其二是，除了以往的保險之外，還有什麼項目可以開發？

如果把它們再做細分，若是以往的保險路線，可以設想鎖定目標或顛覆構想做無交通事故的保險。至於以往保險之外的路線，當然可以設想超越以往範圍的保險或因應新技術的保險。

「新手駕駛保險」「銀髮族駕駛保險」「交通事故原因別的保險（打瞌睡保險等）」這些是屬於鎖定目標的保險例。

解答例A的「優良駕駛保險」或「（無事故、無違規的人在每個設定期間內可取得保險金）無事故繼續保險」這類方案是巔覆構想而來的保險。

同時，解答B的「因汽車自動駕駛系統的操作錯誤，違反交通規則時所支付的違反交通保險。」或「拖吊移動保險」「車禍時空氣氣囊未能即使發揮效用的空氣氣囊保險」「車內污染保險」「因交通阻塞造成的遲到（延遲）保險」等等，全是超越以往範圍而構想的保險例子。

可能已有人知道，現在有所謂的「違反交通保險」。這是相當獨特的構想，當駕駛員因違反交通規則而被役科罰金時，保險公司替駕駛員支付罰金的保險。而解答例B是這項保險再細分化的產物吧。

超構想的重點

從側面、背面觀看問題，獨特的構想自然湧現

我們經營社會生活時，必須具備「常識」。忽視社會規則、沒有常識的人不受歡迎。而且，可能成為處罰的對象。但是，如果在構想的舞台上，此話又另當別論。

常識不僅會混淆構想的眼力，有時更會造成構想力枯竭。因為，在思考某種新的創意時，常識常令人產生否定心理而認為，「這麼做是不可能的」、「毫無意義」，而不會有「此乃未曾有之」、「有趣！」等感想。

想要獲得獨特構想，必須暫且捨棄常識。嘗試著從正向、橫向、側面、裡面來觀察。

只從正面觀看問題，絕不會產生好構想。

問 33

因為有人感嘆：「沒時間！」「麻煩！」「自己做不來！」而使代勞行業如雨後春筍般應運而生。這個商場上仍有許多新興行業可以插上一腳的餘地。因此，請你想想自己可以從事的新型「代勞」行業。

解答例

代替總幹事處理製作名簿、出缺席確認、預約會場、金錢出納等，「同學會總幹事代勞」行業。

首先我們來整理一下，依賴者為何自己不做而請求別人代勞呢？請求代勞的理由除了問題中所設定的情況之外，還包含以下的項目。

- 因為麻煩而不想做
- 時間上無法配合
- 太髒不想做
- 太繁重的工作不想做
- 有技術性的要求
- 因為便利

・給人代勞生產性較高

・必須有專門的技巧

這個問題必先留意上述社會性需要，然後把尚無競爭者（或少數）、自己辦得到等要素附加於這些項目上，從中探索答案。

解答例是著眼於同學會總幹事的辛勞，試圖給予事業化的方案。舉辦同學會的確需要相當的時間與勞力。除了以擔任總幹事為樂的人以外，多數人認為只要賦閒而有人代勞反而輕鬆。

事實上，在美國這類代勞業者早已問世，且有相當的業績。

此外，還有以下各種方案可想吧。「代勞取得各種票券的行業」「代勞清理垃圾的行業」、「代客泊車的行業」、「代收掛號郵件或小包、送洗衣物等，報費代付的行業」、「家庭擦鞋代勞。」

最後的方案其實已經有清洗店問世，所以，成立一家經營收、送件的「擦鞋代勞業」也不稀奇。

超構想的重點

將自己的「資產」卸貨，乃現實性構想的第一步驟

有需要的地方就有商機，這是千真萬確的。但是，有需要不一定就能完全事業化。事實上，唯有社會性需要與自己的條件胳合，才有可能事業化。

因此，不論是企業內創業或獨立開業，想一手開創事業者，建議您必先把自己的「資產」卸貨下來。這不是物理上的資產而已，必須試著全數釋出以往所累積的智慧性資產、技術性資產、人脈等的人力性資產等。

結果，大失所望或心喜若狂？即使你的資產貧乏也無需愧嘆。找尋智囊團、花數年時間習得一技之長或仰仗資金方面的援助，從中再依現實問題發揮構想。

問 34

最近，B先生終於可以實現夙願，開一家藥品百貨店。但是，他並沒有充裕的資金可以儲存大量的庫存品。他希望這家商店給人貨源充足而品質精良的印象，請問有什麼好辦法？

解答例

向批發商取得大量藥品空箱，裝飾在店內。實際的商品少量也無妨。同時，在牆壁上多量使用鏡子，可以使店內顯得寬廣，有助於提升形象。

這是商店的擴充門面作業，從好處解釋，是如何提升商店形象的問題。

・希望備存豐富的貨色
・希望數量也豐富
・但沒有資金

解決這個「難題」最好的方法是，「打腫臉充胖子」的方式。解答例所提示的用大量藥品空箱裝飾店面，就是這個方法。

如果是實際做這些商品的交易，這個方法則難以成立，但主要是為了使商店顯得熱鬧的一種佈局。

用空箱裝飾，使店內顯得熱鬧，而真正的商品採取消化採購的方式，即使暫時沒有資金上的充裕感也無所謂。

以下的方案也是類似的做法。

「不用實際貨品，而擺一塊像是藥品一覽表的招牌。」

「把天花板、牆壁全做成鏡面，牆壁邊堆積貨物直到天花板。」

「應用墊底方式，技巧性地讓架子裡側像是擺放著商品。」

那麼，上述之外還有其他什麼方案呢？

「利用宣傳單等向一般家庭促銷，採取登記制，展示並販賣不要的商品。」這也是其中一例。

目前，隨著地球環境污染問題的重視，興起一陣資源再利用的風潮。而這是把目標投注在環保上，經營寄放商品的回收利用商店的構想。

這一點已捨棄「藥局的商品自然是藥品」的固定觀念，同時，把構想可能朝向前述的「打腫臉充胖子」方式，轉而朝另一個方向追求突破，這一點有其獨創性。

超構想的重點

「枯木也要有山的熱鬧」這種方式的構想有時也能奏效

提升形象的作戰中，有各種不同方法。有些情況適合商品井然有序的氣氛，但有些反而強調雜亂無章之感較好。

譬如，如果是經營貴重金屬類的販賣，必須著重於高級氣氛的演出。若是雜貨店，則要強調貨源豐富齊全，儘量把商品堆積到馬路外頭。像家庭用品百貨中心，如果商品陳列過於整齊，反而會影響商品的銷售情況。

為了演出熱鬧與熱氣騰騰的景況，除了基本上在商品的陳列法或ＰＯＰ下工夫，並在店內播放景氣好的音樂外，還應設想各種方法。例如，僱用一些人佯裝顧客或像這個問題的解答例一樣，使用許多空箱子。有一句俗諺說：「枯木也要有山的熱鬧。」

問 35

隨意在車站前隨意放置自行車已變成問題。其實，各車站前早有專門停放自行車的地方。但是，一般所設置的停放自行車場，通常偏離車站，因此，自行車任意停放的情形不絕於後。

請問有沒有既可以減少任意停放的問題，也能博得利用者的歡迎，又能賺錢的方法呢？

解答例

在車站與停放自行車場邊開一家代勞移動自行車行。也做修理業務以提升附加價值。同時，也可一併代勞自行車主與各停放自行車場間契約的更新手續。

早上時間匆忙的難處頗能理解，但隨意停放自行車在車站前也令人傷腦筋。如果可以消除任意放置的現象，又獲得使用者的歡迎且能賺錢，是最好不過的事。有無如此妙點子呢？

最先想到的也許是，徵收費用，代勞移動自行車的方案吧。「向銀髮族人才中心借用人力，讓他們在車站與停自行車場間移動自行車。費用是小費制。」

這種方案是最傳統式的做法？

而解答例是捨棄義工性的要素，完全站在商業的角度來執行。

和此方案類似的還有以下兩種。其一是代勞自行車主與訂契約之停放自行車場間往返移動的方法。其二是在離車站附近確保一塊空地，自己經營停放自行車場，並用移動專車往返接送的方法。

「結合『早晨搭自行車到車站，晚上搭自行車回家』的團體與『早晨從車站騎自行車出發，夜晚騎自行車回車站』的團體。」

這個方案在構想轉換上，頗為有趣吧。不過，在實行上卻有難點。

構想獨特又具有極高實行性的是以下的方案。

「以廉價向車主所有購買自行車，開一家出租自行車行。採會員制，早晨到車站回收會員搭乘而來的自行車，傍晚再把自行車並排在車站前。會員要搭那輛自行車悉聽尊便。而自行車的顏色統一。」

另外，也可略施小惠，在會員費方面給購得自行車者特別的折扣。

超構想的重點

改變歸屬概念或時間概念，嶄新的商機將應運而生

構想有以既存範疇為前提者，以及改變既存範疇者。而後者經常會刺激消費者或顧客的意識改革。譬如，「二十四小時營業的便利超商」這個構想到了目前，甚至變成沒有這類便利超商則不方便之感。以這個問題而言，解答例的「代勞移動自行車行」是前者，它是以自行車各有其車主為前提。

相對地，廉價向所有者購買自行車，全部改成出租制的方案則屬於後者。這是「自行車乃天下人共有」，摒棄歸屬意識的構想。

人的意識可以改變嗎？想對自己的構想嶄新與否做一番評價時，可以試著這麼問自己。

問 36

保齡球的人氣雖然和某時期相較下稍有回復的跡象，但使用情況卻大失所望。根據調查，團體消費者佔居大半，幾乎沒有單獨前來打保齡球的消費者。把重點放在這個問題上，想想看有什麼方法可以獲得更多的單人消費者？

解答例

設置單獨前來消費的使用者專用櫃台，提供男女老幼交流的機會。如果目標鎖定在年輕男女，將變成「我愛紅娘」式的保齡球館。

為何沒有獨自前來保齡球館的顧客？這是思考這個問題的重點。「發行回數票、折扣券」這種方案是提供消費者利益而吸引顧客光顧的作戰。「設置單人顧客優先球道，讓單獨前來的顧客無需等候，可優先玩球。」這也是同樣的構想。

但是，這些並沒有針對為何顧客不獨自前來的問題。為了磨練球技而前來練習的個人另當別論，顧客不獨自前來保齡球館，乃是因為缺乏「與他人競賽」的樂趣。

「每月給得高分者獎品。」

「像柏青哥店一樣，根據得分可取得獎品。」

這些是為了讓單客覺得有趣而訂出的方案。

再者，如果能深入「找不到一起前來的友伴」的問題時，也可以推出以下的方案。

「挑選制保齡球。設置幾個單客專用球道，隨時受理綜合兩個賽程的小型競賽（三名為單位）。」

「利用電腦實況模擬，做成對戰型。如此一來，即使一人賽球也不厭倦。」

除了上述的方案或解答例的「我愛紅娘（相親）型」，或事先準備好賽球對手的「臥底型」，各種不同變通方式都可考慮吧。

「把保齡球館的從業員（單身）的人頭照做成一覽表，讓顧客指名挑選，被指名的作業員與顧客賽球。」

「陪侍型保齡球。準備陪伴顧客玩球的女孩（男孩）。」

「雇用打工的女學生，讓她們和單獨前來的男客一起玩球。」

超構想的重點

暢銷商品是從對潛在願望的簡單顯像化而產生

新上市的PHS以及可以顯示傳話訊息的BB CALL，這類溝通器材乃現今市場的寵兒。而蔚成話題的網際網路，相較於以往媒體的單向溝通，其雙向性乃極大的特徵之一。

雖然這些只是一例而已，但是，「雙向溝通」是人類普遍擁有的慾望，也是二十一世紀一直存在的重要關鍵語吧。

新商品的企劃或新服務的開發，必須把人潛在的願望隨時放在腦海裡。以這個問題而言，只要能想到潛在願望，自然會有「我愛紅娘型」的構想吧。即使主要目的是打保齡球，應該也有許多人期盼與人的溝通往來。

問 37

在「保管」產業流行的最近，以往未曾想過的事物都成為保管的對象。某保管業者希望再擴大保管對象。條件是不佔空間又能滿足顧客的需要。有什麼妙點子？

解答例

答案即是「傳訊保管業」。只要把訊息限定在書信紀念品上，保管空間一點點就足夠了。而且，如果能做成在依賴著希望的日期，送達所指定者的系統，附加價值將更高。

希望由第三者來保管的東西有那些呢?①放在家裡嫌麻煩者、②平時並不使用者、③放在家裡會危險、④放在家裡令人不安（被竊等）、⑤不想放在家裡（想保守秘密），諸如這類吧?

接著，只要具體地列出符合上述條件即可。

「別人贈送的紀念品或旅行的土產。」「別人特別贈送的花（冷凍保存）」這些是不能丟棄，但對收藏空間少的住宅會造成麻煩的事物。「特別場合才穿的衣服、鞋子、旅行背包或運動用具等。」這是使用頻率較低的物品。而放在家裡危險、令人不安者，則有「權狀、保險證書之類」「工作上的文件」「儲金簿」「很容易弄破的舊時作文、書信、筆記、相簿」等。「成人錄影帶」也是不想放在家裡的物品？

解答例是著重於「人心」，構想出一個並非既存物體的保管物。

「時光膠囊保管業還不錯吧？做一定期間的保管，在指定的時日送達或轉交給當事者。記得上小學時，大家曾經做過『二十一世紀時空膠囊』的功課吧！把二十一世紀的自我肖像做成文章，寄給自己做保管。好像時差郵件一樣，頗為新鮮。」

同時，在既存物品中也有附加價值的例子。「保管舊照片、相簿，當顧客想看時，利用電腦螢幕讓顧客看畫像資料。」「家庭錄影帶的年代別整理。附帶對拷服務的保管。」

超構想的重點

從「硬體」到「軟體」、從「物」到「心」只要改變視點即可使構想產生深度

保管業基本上是看管「物品」的買賣。即使對象有如情報般無形，也能保管收藏該情報的記憶媒體。

但是，各個物品所具有的意義或價值各不相同。有些像「黃金」具有普遍性的價值，有些則是紀念品或相簿之類，普遍性價值雖不高，但對請求保管者而言卻彌足珍貴。

後者可以說是看管依賴者的「心」。解答例的「訊息保管」或「時光膠囊保管」等，是著眼於這一點而探討新穎商機的例子。

從物到心的構想轉換，是創造未來商機的重要因素。

問 38

每到夏天，金龜蟲、鍬形蟲變成孩子們的最愛。牠們也是百貨公司或家庭百貨用品店最暢銷的商品。

把商機放在這一點，成立一家只有夏天開店的金龜蟲、鍬形蟲的專賣店，在二～三年內銷售成績能夠凌駕百貨公司或家庭用品百貨店。具體上該怎麼做呢？

解答例

出售金龜蟲或鍬形蟲之外，一併販賣容器、腐葉土、蜜、飼養手冊等飼養道具。翌年，舉辦成蟲品選會或競賽等活動，廉價購買優秀的成蟲，再給予出售。

最受兒童們歡迎的金龜蟲、鍬形蟲。一般認為利用薄利多銷，只要價格比競爭對手便宜一些就能大賣，但是，這裡希望各位考慮的是，設計某種吸引顧客或販賣架構的策略。那麼，是在展示方法下工夫或舉辦活動較好？以下是在展示方法下工夫，藉機招攬顧客的點子。

「在郊外的大自然中找一塊地方，讓使用者模擬抓金龜蟲的經驗。還有飼養洽談服務。」

「騰出某個空間，建造小型的森林或水流，像水族館一樣讓顧客可以看見其生態。」

「把店內區分為明亮與昏暗的部份，使顧客可以觀察白晝的生態與夜晚的生態。而隨意把昆蟲放在籠內一點也不有趣，因此，做一個彷彿櫥窗購物的空間。尤其是能讓親子一起觀賞同樂的模式。」

這些可以說是迷你昆蟲館化的構想。手法是喚醒親子的樂趣，不只是出售商品，還加強了教材的色彩。

至於著眼於販賣結構面的方案有以下幾種。

「確保直接從金龜蟲、鍬形蟲豐富產地直銷前來的空間。在限定期間內出售『產地直銷金龜蟲、鍬形蟲』」。

「活用鄉間的小、中學生。聚集某固定人數後，以學校為單位進行交易。」

解答例的奧妙之處在於，利用競賽刺激飼養的樂趣或榮譽感，再藉由重新收購的方式，讓購買者也編入販賣架構的體系中。

超構想的重點

只要留意切入口的角度與整體連動性，條條道路通羅馬

目前多數百貨公司或家庭用品百貨店，都是把金龜蟲、鍬形蟲當做「物品」做展示販賣。如果實施可以觀察生態的展示，不僅凸顯差別化的層面，也是讓兒童們獲知生存本身的躍動感，從教育觀點而言是非常好的方法。

這是一個只要改變切入口，即使同樣是展示販賣卻大大改變意境與意義的例子。

相對地，舉辦競賽或設置回收制度的方法，是不讓「販賣」當場結束，使它定位於整體系統的做法。

改變切入口後情況會如何？試著系統化後又如何？深思竭慮之時，可試著從這兩方面來推敲。

問 39

「時間」對人生而言，具有非常重大的意義。因此，有所謂的「時間紀念日」。想製作一個自動顯示的鐘錶，做為非常珍惜「時光」的象徵。

如果主題是結婚，你會想到什麼樣的鐘錶？

解答例

A「結婚典禮當天才轉動的鐘錶。」
B「結婚典禮當天讓新郎新娘啓動的鐘錶。」
C「表示結婚經過年數的鐘錶。」
D「確實告知結婚紀念日的鐘錶。」

對鐘錶廠商而言，這個問題也可能是商品開發的現實課題。

在外型上下工夫以符合主題？機能面上該添加那些設計？或者雙管齊下？從結構部份不動手腳的立場看來，在外型下工夫是最簡便的方法吧。「錶針做成男、女形狀的鐘錶。」這個方案乃其中一例。

此外，在機能面上講究創意之際，為了凸顯與一般鐘錶的不同，也必須有型態上的創意吧。有關機能方面，首先想到的是具有活動性的方法，如鴿子時鐘。

「結婚紀念日會出現某種東西的機關鐘錶。」

「在結婚紀念日或生日等二人的紀念日，會發出美妙音樂。」

解答例D的「確實告知結婚紀念日的鐘錶。」也是一樣的構想。

還有以下的方案。

「每個月背景會更換的鐘錶。像月曆一樣表現季節或時間的轉換。背景可用月曆裝飾。」

同時，像解答例B的「結婚典禮當天由新郎新娘啟動的鐘錶。」一樣，可以從以結婚典禮為起點而計時的鐘錶的方向來考慮。

以下的方案則有較詳盡的說明。

「結婚典禮喝交杯酒時，或交換戒指時，從零開始計時的鐘錶。而鐘錶上的表示可自由變更秒～年的換算。」

其中再添加活動性，則是以下的方案。

「從結婚紀念日開始，某種東西會慢慢累積的機關時鐘。」不過，如果不能具體地想出「某種東西」則無法商品化。

超構想的重點

試著結合異質事物，乃構想法的基本

這個問題的意圖是結合「結婚」與「時鐘」這兩個異質事物時，從中嘗試製作某種產品。

結合相關連或同質的事物並不牽強。譬如，連接同樣是處理電波的「行動電話」與「電視」，隨即會想到「也能看電視的行動電話」。但是，如果有人叫你結合「行動電話」與「冰箱」或「橋樑」「貓咪」，大概一時間想不出任何頭緒來吧。也許花再多時間也找不到答案。換言之，想結合異質的事物必有牽強之處。

但是，**這種牽強、抵抗感正是產生新構想的前提條件之一**。這個方法也可以活用在使思考柔軟的訓練。

問 40

位於郊外的某個家庭日用品百貨店，每年到了初春會大量販賣家庭用小型水槽。今年他們想比往年賣出更多的小型水槽，同時也寄望空氣幫浦等關連商品也能大賣。有無良好具體對策。

解答例

從水產試驗場取得鯉魚卵，免費贈送給顧客。同時，附有使其孵化的說明書。獲得鯉魚卵者購買水槽與空氣幫浦的機率一定很高。

重點是設計一個讓消費者想購買水槽或相關商品，抑或不得不購買的餌。

如果再用展示方式或宣傳單廣告來補強，則萬無一失。

只要找到方向，再思考有何其他變通方式即可。

「附設撈金魚、釣螃蟹、釣鰻魚。釣到者必會購買水槽。」

這樣的方案是最基本的。

此外，就是利用某些特定日，刻意製造節慶氣氛而營造熱鬧場面的方法。

「在家庭用品百貨店內舉辦『兒童節』之類的慶典活動，聚集業者舉行撈目高魚、撈金魚等活動。同時，在旁邊販賣水槽與相關商品。」

「配合『兒童節』收集烏龜、水蜥、目高魚、螃蟹等，舉辦動物拍賣會。同時販賣水槽與幫浦。」

以上的方法是採取等候顧客前來會場的態勢，積極擬定對策而主動出擊的作戰方式則是解答例。

「在家庭用品百貨店的附近車站、商店街、學校附近分發金魚與飼養法的指南書給兒童。」這個方案也是同樣的構想。

此外，還有以下的方案。

「讓兒童在一定期間內從魚的幼卵開始飼養，然後舉辦根據其成果給予獎賞的競賽。」

「做一個展示會場，當做室內裝潢來出售。」

超構想的重點

製造「必然性的連鎖」即有可能大量販賣

讓消費者必然購買該商品。換言之，只要創造「必然性的連鎖」即可大量販賣商品。為了出售水槽或相關商品，在商店附近分發魚卵或幼魚，是這種具體例之一。

譬如，早期家庭錄影帶的銷售上，松下所出售的β方式與日本Victor所出售的VHS方式，在一陣市場競爭之後，眾所周知的VHS方式成為市場主流。

用此例來說明的話，假設消費者購買VHS方式的錄放影機，錄影帶必然會選擇VHS方式。以廠商的立場而言，只要儘量促銷錄影機，錄影帶的營業額必然隨之提升。「必然性的連鎖」的創造，可以應用在各種場面上，請謹記在心。

問 41

「銀髮族產業」雖然叫嚷已久，但有關銀髮族設施的產業卻少見經營順暢的例子。而銀髮族年層在經濟的遠景上隱藏著不安，在物價昂貴的日本，很難真正充裕地享受人生。難道沒有什麼銀髮族專用的良好設施嗎？

解答例

在物價便宜的東南亞建造銀髮族村。設施內有完備的醫療器材與工作人員，同時做造景活動以帶動當地的活性化。此外，實施每年數次返鄉日本或以家族為對象的銀髮村旅遊。

本問題的著眼點在於「日本物價高」吧。既然如此，有兩個方針。在物價便宜的國家建造設施或在國內考慮某種低成本方式。再者，如果這是主要重點，則生存價值、對社會貢獻，與家人或朋友交流、健康生活、復建、醫療等則成為附屬重點。解答例是既然日本辦不到就轉移基地到海外的方案。

「組織只有銀髮族能搭乘的船或飛機，遨遊於匯率價差較大的國家。」這也是極大膽的構想。

至於在國內追求低成本的方式，則有以下方案。

「目前的專科學校正流行福祉事業。在專科學校附設針對老人的溝通設施。設施經營乃課業之一環，因此，不會造成老年人經濟上的負擔。」

「把地價較便宜的鄉村公共設施做成網路通訊，建立一個在某處感到厭倦之後，可隨時移到他處的組織。」這樣的方案也有趣吧。

同時，還有兼顧生存意義或實質利益的自主管理方式，如「完全由銀髮族年層經營的設施。」而「讓老年人製作某種商品（也包括無形的服務等），出售給四十歲層～五十歲層者。購買者可優先進入設施。」

這個方式也頗為獨特，而且，實現性也高。

秉持能勞動就勞動的構想，在國內也可能建造許多低成本的設施。

超構想的重點

有時必須具備改變「架框」的柔性

面對某課題時，辨別該課題是可憑努力而克服，或已超越努力層次的問題與否是非常重要的。因為，**有些問題在解決上可能是構造本身已回天乏術的難題。**

如果，判斷已超過憑努力而能克服的界限，必須具備柔軟的構想與大膽的態度，試圖改變做為前提的架構本身。本問題的解答例或在東南亞建造銀髮族村的計劃，都是這類構想的例子。

事實上，企業活動的國際化也是基於同樣的構想。雖然我們會顧慮產業的空洞化，但把企業的生產據點轉移到國外，從經營環境已面臨界限的判斷看來，這個例子並非從合理化角度做成本的降低，而是改變解決問題架構本身。

問 42

商業旅館、城市旅館、休閒旅館等等，旅館也因使用目的的不同而分成各種類別。慰勞家人而一同出外旅遊時，都市旅館或休閒旅館的住宿費高，而商業旅館的房間又嫌太小。有沒有一種新型態的旅館，不僅價格便宜又方便使用呢？

解答例

空間可變式的家庭旅館。基本上是商業旅館，但把牆壁做成可動式，可因應任何人數的住宿客。住宿費也採低價格標準。

在想法上有以下幾個方向可循。例如，不必過份豪華的內外裝潢，換言之，把旅館這個「器」變得簡便，或者在經營方式上下工夫，謀求降低成本；標榜現存旅館所缺乏的理念等等。然後嘗試單一追求這類要素或綜合性地做各種組合。

解答例是基於嶄新理念下，改變成可多重目的使用的構造方案。或者「命名為家庭旅館，床舖做成上下兩層，縮小面積。牙膏、浴巾自由選擇，客房服務費可打折扣。」

也有這樣的方案。

既然要精簡費用，不只是牙膏或浴巾，「各種服務隨顧客需要與否採自由選擇的旅館」，這不也是相當合理嗎?如果想更徹底地減低成本，將變成「沒有從業人員的自助型旅館」。

「採會員制的旅館，收取一些會員費。會員可以低廉價錢使用設施。」

這個方案像是休閒設施會員權所採用的方式。如果參考國外的例子則有以下的方案。

「分租式旅館。若有兩個房間則頗寬廣，而且便宜。覺得做三餐麻煩時，可設置小型餐廳，讓住戶利用。」

以上是因應「慰勞家人」之問題的要求所想出的構想例。

除此之外，較新穎的旅館型態則有適合長期居留的旅館、女性專用旅館、寵物同伴旅館等等。

超構想的重點

並非「A或B」而是考慮「A及B」即可產生新品種

不做「A或B」的選擇法，而大膽地需求「A與B」，再從中探討其可能性，即可產生新品種。將此暫稱為**混合型構想法**。這是從組合不同品種而創造新品種的生命工學的應用。混血（Hybird）具有「雜種」或「混合」等涵義。

誠如這個問題，「商業旅館的魅力在於便宜、城市旅館或休閒旅館的魅力則是空間的寬廣與優雅。」那麼，聯合二者再考慮「能否各取所長呢？」結果，像解答例一樣有「做成可變式空間」或「改成選擇式服務法」等不同的構想。可倫布斯（Columbus）的蛋型新品種，就是從這樣的構想中產生出來的。

問 43

某報社在報紙販賣的推廣上全力以赴，試行各種方法，卻沒有預期的成果。希望各位想一個將主題設定於「送報員可做的事」上，幾乎不需要經費，卻能提升報紙形象又能推廣販賣網的方法。

解答例

事前沒有任何告知而報紙卻堆積兩天以上，必向訂户打聲招呼或向所指定的人聯絡，實施「打一聲招呼保全系統」。不僅具有極高社會貢獻性，也能提昇報紙的形象。

在不使用額外費用，而「送報員可做的事」這個限定條件下，可以回應何種社會上的需要？乃是本題的課題。

不過，「送報員」是男女老幼形形色色，所具有的知識或技術也有個人差異。為了實行某些特別服務，可利用研修等方法給予訓練，或當作一項新服務的要員。

但是，在此希望各位思考的是，不再做特殊訓練，在現狀下可以做些什麼？

站在送報員可順便做些什麼事的角度來思考時，大費周章的事情絕辦不到。不過，同一戶家庭每天幾乎同一個時間拜訪，正是重點所在。

首先想到的是「Morning call」（旅館內的電話叫人起床）的服務吧。

再者，可以順便送達一些體積不大的東西。

例如，送「書籍到府」「只有拿報紙者可利用的『大清早送達府上服務』。在傍晚之前打電話，貨物即可在一大清早送達。」

另外，更加提高社會貢獻度的是解答例。

無需特別器材或設備，對送報員而言也不必攜帶多餘的貨物。對於獨居的老人而言，是相當難能可貴的服務吧。

除此之外，也有不拘泥送報時間的方案。

「製作發報處的刊物，夾入報紙內，與當地讀者保持親近。並接受讀者投稿進行交流。」

「拷貝每戶家庭成員之生年月日的報紙服務。」

超構想的重點

不要一味求新，讓資源做回收的構想也非常重要

思考以前未曾存在的「物」或「事」，正是構想最奧妙之處。

但是，充分活用既存事物，有時效率反而高。

最佳的例子是快遞的系統。如果在開始經營快遞之際，採取獨自設置收集貨物場所的構想，為了確保不動產或成員，必須有龐大的勞力與費用。

但是，把街上的洗衣店、酒店或雜貨店當做貨物收集櫃台來活用，正是它成功的重要因素。而且，對街上商店也有好處。其構想無非是「可否充分活用既存事物或系統？」其實，「順便做生意」也可當做一種選擇方法，請各位務必備用。

問 44

現今的兒童據說處事被動，不擅長自己做判斷、採取行動。從這個觀點而言，輔助兒童決定意願的商業需求，今後將日益增高。請各位想一個前途看好而新穎的「洽談行業」。

解答例

A 從當事者的適性診斷到選擇志願學校或補習班，廣泛接受洽談的「教育計劃公司」。

B 接受各種就職洽談的「就職計劃公司」。

所謂洽談行業，簡言之乃活用專業知識或經驗，指導顧客或輔助意思決定的顧問業。但是，刻意命名為洽談行業，多少有其緣由。

既存的顧問業中，首先浮上腦海的是，分析、診斷企業經營上的各種問題，開示解決問題之處方籤的經營顧問。同時，還有婚姻顧問或餐飲顧問。但是，如果更深入思考，極獲女性青睞的「占卜」也算是一種顧問業。雖然在用詞上較不熟悉，但若要讓思緒流轉到這個範圍，用洽談行業這個用詞，較容易產生構想吧。

那麼，有那些新式的洽談行業可以考慮呢？

解答例是把學校的升學指導或就職洽談，當作一個商業獨立經營的方案。今後的時代，社會上的需求將節節升高。也有以下把內容更詳細列出的方案。

「不會給兒童或養育者帶來壓力的教育洽談業務。排斥上學問題、身心障礙兒教育、早期教育、升學洽談等，完全重視客戶的自我決定權。」

「根據適性、適職診斷而開發自我發現、自我認識的系統。其中還併入業界研究或與各企業課長、經理、指導者的懇談或進行實踐性的指導之就職補習班的營運。」

除此之外，洽談行業在各種領域都可能成立。美容、健康、醫療、流行服飾、家事、體育運動或興趣等，只要在各種行業，甚至個人想洽談的問題，構想的題材將無限多。

超構想的重點

探討自己的慾念、渴望，題材觀念的拓展更無限

社會需要的調查，是構想新行業之際的要點。但是，在這個過程的前半段所不可或缺的是，探討自己的慾念、渴望。試著思考：「自己想要什麼東西？」「在過去各種狀況中，曾想要什麼？」

自古以來在廣告業，有所謂的ＡＩＤＭＡ法則。這是取英文單字的「注意」「興趣」「慾望」「記憶」「行為」的頭一個文字而成，充分地涵蓋喚起這一連串行動之要素的作品，才稱得上優秀的廣告。

其中極為重要的是，**喚醒人採取行動的慾望。而且，自己並非真正想要的事物，別人也不渴望。**往深處挖掘自己的慾念、渴望，必會察覺到有效的構想題材比比皆是。

問 45

目前寵物店因為家庭日用百貨店等異質行業進入市場的關係，光靠寵物的營業額，漸漸難以支撐整體的經營。將以往的寵物販賣當做主要商品，還有什麼買賣可以補充呢？

解答例

具有組合寵物的「看管」與「醫療」「理容」等服務機能。出外長期旅行時，飼主總不知如何處理寵物而煩惱。只要擁有上述服務機能，毫無疑問必可提升本業的營業額。

寵物的人氣主要是由「小狗」與「小貓」二分天下。不過，除了熱帶魚或田鼠（hamster）之外，還有人引進蜥蜴或蛇等爬蟲類，寵物市場令人有百花盛開之感。

從另一方面而言，這無非反映了充滿壓力的現代社會。

事實上，有人指出與寵物交流會對精神產生良好影響，在心理療法的範疇上，也實施所謂「動物療法」的方法。

總而言之，最近還有寵物旅館或寵物葬儀社問世呢。但是，由此也不難發現對業者而言競爭有多麼激烈了。

街上的寵物店該如何展開生死存活作戰呢？

首先，必須調查互相競爭的寵物商店或出售寵物的家庭用品百貨店的特性。如果競爭對手所採取的是「銀貨兩訖」的方式，自己就應強化售後服務。

解答例是不僅於販賣寵物，並實施綜合性服務的方案。事實上就連街上的寵物店，今後也必須有這類服務。

此外，還有以下各方案。「出租寵物業」「寵物心理洽談」「附設寵物學校（管教）」。

現今的電視節目常有寵物露臉的機會，其中也有專門業者。街上的寵物店也進軍「寵物明星業」並不足為奇，可能性很高。

超構想的重點

構想的題材必須徹底地深入挖掘、往外擴展

寵物行業如何擴大經營型態？此乃本問題的課題鄉。而這類問題的重點在於，如何深入挖掘並向外擴展構想。

首先，誠如解答例，實施鄰近競爭對手以往未曾做過的看管或醫療、理容等服務，這在構想上是相當妥當的。

但是，除了最基本的醫療與理容之外，打從繁殖到往生時的葬儀，也以做綜合性地展開有關寵物一生所有服務的構想。換言之，從搖籃到墳墓，**徹底地擴展一個因素的做法**。如果完全自己經營而有人手或資金不足時，可與專門業者簽定代理店契約，自家商店就當窗口即可。

這個方法如果適用於人，可以創造出非常豐富的商機。

問 46

今後的時代，「個別對應」是商場活動中的一個重要關鍵語。就像醫師為患者寫病歷表，請指出為各個顧客製作「資料表」並給予活用，藉此能取得顧客信用並提升公司利益的商業範疇與其緣由。

解答例

高爾夫球用品店。選擇高爾夫的球桿或球鞋時，常見選擇方式錯誤的情況。如果能製作顧客資料表，並給顧客適切的建議，告知他們適合那些產品，一定可以在信用與收益上名利雙收。

如果是每天前來惠顧的老顧客，店家的殷勤款待也許是理所當然，但在偶而前往的餐廳或酒吧，卻被呼喚姓名時，除了驚覺「記性真好啊！」之外，即使明知是口頭上的奉承，也不會感到不愉快。因為，你留下了受到特別禮遇的印象，而非進進出出的顧客之一。

某飯店的大門服務員鮮明地記住頻繁利用該飯店的顧客容貌與姓名，當這些顧客到訪時，一定直呼其名並出來迎接：

「×先生（小姐），恭候您多時了。」

這些顧客對該飯店一定抱著極大的好感。

這些純屬一個例子罷了，但是，在商業活動中的「個別對應」在顧客滿足（ＣＳ）這方面是極重要的要點。

除了解答例之外，還有「美容業」「自然食品販賣（可以因應異位性皮膚炎的食品）」「室內清掃業（換氣扇等、資源回收管理）」「不動產業」「高級服飾店」。其實只要是以顧客為對象的生意買賣，任何業種都能適用。

「據說自由業者，由於沒有公司給予信用當後盾，在申請信用卡時極為麻煩。把這些人的工作與收入做成經歷表，保證其信用。把自由業者做成基本資料，藉此也能提供那些人的工作吧。」

這是活用「履歷表」而創造出新式行業的例子。

不過，從個人隱私保護的觀點來看，對於個人情報的處理必須特別注意。

超構想的重點

個別對應的構想是起源於「資料表」的齊整

假設沿著同一條馬路有A和B兩家加油站毗鄰而居。加油站的作業員個個親切有禮，而B店的作業員卻愛理不睬。但是，如果B店的每公升油費比A店便宜一元，駕駛員仍然會選擇B店吧。

但是，如果是同樣的價錢，一般人的心理會自然選擇A店。這種現象在其他業種也是一樣。

今後的時代，在各種行業上，待客之道與價格競爭將並駕齊驅，成為重要的關鍵語之一。而待客之道的宗旨是個別對應。

若想**採取個別對應，必須趕緊做好「資料表」**。若無資料表可能想不出構想，有與無之間的差別比想像的大。

問 47

某西服店在電腦中除了西服的尺寸外，還輸入顏色或花樣的嗜好等資料，開始從事顧客管理。以此為核心，再思考一下有什麼商機可以展開。

解答例

配合西服的款式、顏色、花樣的鞋子或皮包、手錶、身上飾物等，對身上所穿戴的物品做綜合性的建議。自己店內也能出售這類商品，或和專門店訂定契約，介紹給客户。

從前對於商業情報的收集，必須汗流浹背地奔波於相關設施，但是，現今隨著資訊建檔的普及，可輕易地建立個人的資料庫。價格上若是固定的軟體，以店頭的實際銷售價格而言，幾仟塊錢就能擁有。

若有必要，除了利用這類工具之外別無方法。同時，使用之後以往的商業型態也會改觀吧。

本題的西服店將顧客情報做成資料庫。在此無法瞭解以往是採取什麼方法做顧客管理，或只是儲存於西服店老闆的腦海中，但是，隨著資料庫的引進，對顧客的對應也會改變吧。同時，根據這個資料庫還期待開發新的生意。

推展的方法可從縱橫展開來考慮。所謂「縱」，假設以往是以西服或正式禮服為主，則又販賣外套、休閒服、外出服等增加貨源的方法。換言之，著重於業種範圍的推廣。

而「橫」不是指西服而已，從鞋子到裝飾品等，觸及關連商品的推展。再者，兩者同時展開，擴大門面，指導顧客做綜合性的服飾搭配。解答例就是這樣的構想。

「出售顧客資料」「把資料庫的內容販賣給不同業種」，這種手法稱不上是豐富的構想，基於個人情報保護的立場而言也不太好。

超構想的重點

「貪婪」是創造構想的精力源

積極經營、進攻式性的營業乃商業的基本。退守的姿態總有一天會陷入赤貧狀態。電視遊樂器的商場之王——任天堂，如果永遠侷限於彩色紙牌或樸克牌遊戲，不可能有今天的成功。

曾經有人提倡公司的壽命三十年之說，但目前公司的生存年數卻一再縮短，從十年到五年不等。即使目前經營順暢，也要不停地考慮未來。否則，不可能在經營環境激烈競爭的時代存活下來。

積極經營、進攻式的營業之依據在於貪婪。構想的精力源也可說是來自貪婪。**各種構想技法，是以這股精力為後盾才能發揮其真價值。**絕對不可劃地自限。

〔附錄〕鞏固超構想的檢查表

面對問題解決或新商品、新服務的開發而研擬構想之際，最便利且有效的是，採取檢查表法。這是以事先做成的資源構想表為線索，陸續創造出構想的方法。比起憑藉不知何時才能閃現的靈感而漫然地思考，此法不但效率極高也能減少疏漏之處。

根據以何為對象研擬構想，項目多少有所不同，但在此則為各位列舉具有泛用性的**「對比構想的檢查表」「因應變化構想的檢查表」**及檢正自己所創造的意見之**「評價想法的檢查表」**。實際使用而掌握要領之後，把它們當做一個模型，製作一個自己最方便使用的檢查表，儘量給予活用。

I 對比構想的檢查表

1	□物理的思考	↕	□心理的思考
2	□肯定的思考	↕	□否定的思考
3	□直接的思考	↕	□間接的思考
4	□形式的思考	↕	□實質的思考
5	□合理的思考	↕	□情緒的思考
6	□整體的思考	↕	□部份的思考
7	□內（因）性的思考	↕	□外（因）性的思考
8	□強制的思考	↕	□誘導的思考
9	□接近的思考	↕	□迴避的思考
10	□促進的思考	↕	□抑止的思考

＊創造有效的構想，必須從各種角度去構想。根據這個檢查表，從相反的視點做複眼式的構想。

II 變化構想的檢查表

1 □ 試著改變大小
2 □ 試著改變顏色、形狀
3 □ 試著改變素材、材質
4 □ 試著改變容器
5 □ 試著改變內容
6 □ 試著改變目的
7 □ 試著改變機能
8 □ 試著改變使用法
9 □ 試著改變意思
10 □ 試著改變視點
11 □ 試著改變方法
12 □ 試著改變條件、前提
13 □ 試著改變構成要素
14 □ 試著改變成為對象的人
15 □ 試著改變主體、客體
16 □ 試著改變立場
17 □ 試著改變氣氛
18 □ 試著改變場所
19 □ 試著改變位置
20 □ 試著改變管道

※在構想上給予變化。也許比現在的想法更了不起的想法就隱藏在旁邊。

Ⅲ 評斷想法的檢查表

1 □ 充分取得情報且善加活用了嗎
2 □ 有效地活用可能利用的所有資源嗎
3 □ 是否摻雜過多樂觀的、悲觀的自我認定呢
4 □ 富有原創性嗎
5 □ 具備先見性嗎
6 □ 現實性的檢討已足夠嗎
7 □ 明確地把握、理解對象或使用者嗎
8 □ 已經確定想法能有效運用的對象、區域與期間嗎
9 □ 不會招惹社會上的批評或反感嗎
10 □ 已經檢討了成功時、失敗時的因應之道嗎

※為了避免陷入自以為是，必須從客觀的立場評斷想法。在發表自己的想法前，請檢查這些項目。

後　序

各位向四十七個問題挑戰之後的感想如何呢？習慣於選擇答案已經備妥的填答方式之後，光是憑腦力找出解答這一點，就足以令人大嘆為難了吧！而且，碰到不像「一加一等於二」有固定解答的問題時，情況更是嚴重。

但是，唯有在沒有「絕對的解答」探討答案時，才是構想的有趣而奧妙之處，在向各個問題挑戰並多少感覺到「和以往自己的構想態度不同了」，將是我們的榮幸。希望各位務必把這樣的態度應用在實際的商場上。

＊實際幫忙解答本書之問題的多湖輝研究所「ATAGO塾」第一屆生是以下諸位。各個都是致力於實踐性、創造性開發的精銳年輕企業人。

伊東正則　今村　正　今井　誠　加藤克巳　金井　聰　岸本光正　北原弘文
齊藤和弘　坂本雅一　竹崎壽夫　福島　勉　藤野雅嘉　保木誠二　松原元成
矢野　聰　山川義介　萬　彰

大展出版社有限公司	圖書目錄
地址：台北市北投區11204 致遠一路二段12巷1號 郵撥： 0166955～1	電話：(02) 8236031 8236033 傳眞：(02) 8272069

•法律專欄連載•電腦編號58

台大法學院 法律學系／策劃
法律服務社／編著

①別讓您的權利睡著了[1]	200元
②別讓您的權利睡著了[2]	200元

•秘傳占卜系列•電腦編號14

①手相術	淺野八郎著	150元
②人相術	淺野八郎著	150元
③西洋占星術	淺野八郎著	150元
④中國神奇占卜	淺野八郎著	150元
⑤夢判斷	淺野八郎著	150元
⑥前世、來世占卜	淺野八郎著	150元
⑦法國式血型學	淺野八郎著	150元
⑧靈感、符咒學	淺野八郎著	150元
⑨紙牌占卜學	淺野八郎著	150元
⑩ＥＳＰ超能力占卜	淺野八郎著	150元
⑪猶太數的秘術	淺野八郎著	150元
⑫新心理測驗	淺野八郎著	160元
⑬塔羅牌預言秘法	淺野八郎著	200元

•趣味心理講座•電腦編號15

①性格測驗1	探索男與女	淺野八郎著	140元
②性格測驗2	透視人心奧秘	淺野八郎著	140元
③性格測驗3	發現陌生的自己	淺野八郎著	140元
④性格測驗4	發現你的真面目	淺野八郎著	140元
⑤性格測驗5	讓你們吃驚	淺野八郎著	140元
⑥性格測驗6	洞穿心理盲點	淺野八郎著	140元
⑦性格測驗7	探索對方心理	淺野八郎著	140元
⑧性格測驗8	由吃認識自己	淺野八郎著	160元

⑨性格測驗9	戀愛知多少	淺野八郎著	160元
⑩性格測驗10	由裝扮瞭解人心	淺野八郎著	160元
⑪性格測驗11	敲開內心玄機	淺野八郎著	140元
⑫性格測驗12	透視你的未來	淺野八郎著	160元
⑬血型與你的一生		淺野八郎著	160元
⑭趣味推理遊戲		淺野八郎著	160元
⑮行爲語言解析		淺野八郎著	160元

・婦 幼 天 地・電腦編號16

①八萬人減肥成果	黃靜香譯	180元
②三分鐘減肥體操	楊鴻儒譯	150元
③窈窕淑女美髮秘訣	柯素娥譯	130元
④使妳更迷人	成　玉譯	130元
⑤女性的更年期	官舒妍編譯	160元
⑥胎內育兒法	李玉瓊編譯	150元
⑦早產兒袋鼠式護理	唐岱蘭譯	200元
⑧初次懷孕與生產	婦幼天地編譯組	180元
⑨初次育兒12個月	婦幼天地編譯組	180元
⑩斷乳食與幼兒食	婦幼天地編譯組	180元
⑪培養幼兒能力與性向	婦幼天地編譯組	180元
⑫培養幼兒創造力的玩具與遊戲	婦幼天地編譯組	180元
⑬幼兒的症狀與疾病	婦幼天地編譯組	180元
⑭腿部苗條健美法	婦幼天地編譯組	180元
⑮女性腰痛別忽視	婦幼天地編譯組	150元
⑯舒展身心體操術	李玉瓊編譯	130元
⑰三分鐘臉部體操	趙薇妮著	160元
⑱生動的笑容表情術	趙薇妮著	160元
⑲心曠神怡減肥法	川津祐介著	130元
⑳內衣使妳更美麗	陳玄茹譯	130元
㉑瑜伽美姿美容	黃靜香編著	180元
㉒高雅女性裝扮學	陳珮玲譯	180元
㉓蠶糞肌膚美顏法	坂梨秀子著	160元
㉔認識妳的身體	李玉瓊譯	160元
㉕產後恢復苗條體態	居理安・芙萊喬著	200元
㉖正確護髮美容法	山崎伊久江著	180元
㉗安琪拉美姿養生學	安琪拉蘭斯博瑞著	180元
㉘女體性醫學剖析	增田豐著	220元
㉙懷孕與生產剖析	岡部綾子著	180元
㉚斷奶後的健康育兒	東城百合子著	220元
㉛引出孩子幹勁的責罵藝術	多湖輝著	170元

㉜培養孩子獨立的藝術	多湖輝著	170元
㉝子宮肌瘤與卵巢囊腫	陳秀琳編著	180元
㉞下半身減肥法	納他夏・史達賓著	180元
㉟女性自然美容法	吳雅菁編著	180元
㊱再也不發胖	池園悅太郎著	170元
㊲生男生女控制術	中垣勝裕著	220元
㊳使妳的肌膚更亮麗	楊　皓編著	170元
㊴臉部輪廓變美	芝崎義夫著	180元
㊵斑點、皺紋自己治療	高須克彌著	180元
㊶面皰自己治療	伊藤雄康著	180元
㊷隨心所欲瘦身冥想法	原久子著	180元
㊸胎兒革命	鈴木丈織著	180元
㊹NS磁氣平衡法塑造窈窕奇蹟	古屋和江著	180元
㊺享瘦從腳開始	山田陽子著	180元
㊻小改變瘦４公斤	宮本裕子著	180元

・青 春 天 地・電腦編號 17

①A血型與星座	柯素娥編譯	160元
②B血型與星座	柯素娥編譯	160元
③O血型與星座	柯素娥編譯	160元
④AB血型與星座	柯素娥編譯	120元
⑤青春期性教室	呂貴嵐編譯	130元
⑥事半功倍讀書法	王毅希編譯	150元
⑦難解數學破題	宋釗宜編譯	130元
⑧速算解題技巧	宋釗宜編譯	130元
⑨小論文寫作秘訣	林顯茂編譯	120元
⑪中學生野外遊戲	熊谷康編著	120元
⑫恐怖極短篇	柯素娥編譯	130元
⑬恐怖夜話	小毛驢編譯	130元
⑭恐怖幽默短篇	小毛驢編譯	120元
⑮黑色幽默短篇	小毛驢編譯	120元
⑯靈異怪談	小毛驢編譯	130元
⑰錯覺遊戲	小毛驢編譯	130元
⑱整人遊戲	小毛驢編著	150元
⑲有趣的超常識	柯素娥編譯	130元
⑳哦！原來如此	林慶旺編譯	130元
㉑趣味競賽100種	劉名揚編譯	120元
㉒數學謎題入門	宋釗宜編譯	150元
㉓數學謎題解析	宋釗宜編譯	150元
㉔透視男女心理	林慶旺編譯	120元

㉕少女情懷的自白	李桂蘭編譯	120元
㉖由兄弟姊妹看命運	李玉瓊編譯	130元
㉗趣味的科學魔術	林慶旺編譯	150元
㉘趣味的心理實驗室	李燕玲編譯	150元
㉙愛與性心理測驗	小毛驢編譯	130元
㉚刑案推理解謎	小毛驢編譯	130元
㉛偵探常識推理	小毛驢編譯	130元
㉜偵探常識解謎	小毛驢編譯	130元
㉝偵探推理遊戲	小毛驢編譯	130元
㉞趣味的超魔術	廖玉山編著	150元
㉟趣味的珍奇發明	柯素娥編著	150元
㊱登山用具與技巧	陳瑞菊編著	150元

•健康天地• 電腦編號18

①壓力的預防與治療	柯素娥編譯	130元
②超科學氣的魔力	柯素娥編譯	130元
③尿療法治病的神奇	中尾良一著	130元
④鐵證如山的尿療法奇蹟	廖玉山譯	120元
⑤一日斷食健康法	葉慈容編譯	150元
⑥胃部強健法	陳炳崑譯	120元
⑦癌症早期檢查法	廖松濤譯	160元
⑧老人痴呆症防止法	柯素娥編譯	130元
⑨松葉汁健康飲料	陳麗芬編譯	130元
⑩揉肚臍健康法	永井秋夫著	150元
⑪過勞死、猝死的預防	卓秀貞編譯	130元
⑫高血壓治療與飲食	藤山順豐著	150元
⑬老人看護指南	柯素娥編譯	150元
⑭美容外科淺談	楊啟宏著	150元
⑮美容外科新境界	楊啟宏著	150元
⑯鹽是天然的醫生	西英司郎著	140元
⑰年輕十歲不是夢	梁瑞麟譯	200元
⑱茶料理治百病	桑野和民著	180元
⑲綠茶治病寶典	桑野和民著	150元
⑳杜仲茶養顏減肥法	西田博著	150元
㉑蜂膠驚人療效	瀨長良三郎著	180元
㉒蜂膠治百病	瀨長良三郎著	180元
㉓醫藥與生活	鄭炳全著	180元
㉔鈣長生寶典	落合敏著	180元
㉕大蒜長生寶典	木下繁太郎著	160元
㉖居家自我健康檢查	石川恭三著	160元

㉗永恒的健康人生	李秀鈴譯	200元
㉘大豆卵磷脂長生寶典	劉雪卿譯	150元
㉙芳香療法	梁艾琳譯	160元
㉚醋長生寶典	柯素娥譯	180元
㉛從星座透視健康	席拉・吉蒂斯著	180元
㉜愉悅自在保健學	野本二士夫著	160元
㉝裸睡健康法	丸山淳士等著	160元
㉞糖尿病預防與治療	藤田順豐著	180元
㉟維他命長生寶典	菅原明子著	180元
㊱維他命C新效果	鐘文訓編	150元
㊲手、腳病理按摩	堤芳朗著	160元
㊳AIDS瞭解與預防	彼得塔歇爾著	180元
㊴甲殼質殼聚糖健康法	沈永嘉譯	160元
㊵神經痛預防與治療	木下眞男著	160元
㊶室內身體鍛鍊法	陳炳崑編著	160元
㊷吃出健康藥膳	劉大器編著	180元
㊸自我指壓術	蘇燕謀編著	160元
㊹紅蘿蔔汁斷食療法	李玉瓊編著	150元
㊺洗心術健康秘法	竺翠萍編譯	170元
㊻枇杷葉健康療法	柯素娥編譯	180元
㊼抗衰血癒	楊啟宏著	180元
㊽與癌搏鬥記	逸見政孝著	180元
㊾冬蟲夏草長生寶典	高橋義博著	170元
㊿痔瘡・大腸疾病先端療法	宮島伸宜著	180元
51膠布治癒頑固慢性病	加瀨建造著	180元
52芝麻神奇健康法	小林貞作著	170元
53香煙能防止癡呆？	高田明和著	180元
54穀菜食治癌療法	佐藤成志著	180元
55貼藥健康法	松原英多著	180元
56克服癌症調和道呼吸法	帶津良一著	180元
57Ｂ型肝炎預防與治療	野村喜重郎著	180元
58青春永駐養生導引術	早島正雄著	180元
59改變呼吸法創造健康	原久子著	180元
60荷爾蒙平衡養生秘訣	出村博著	180元
61水美肌健康法	井戶勝富著	170元
62認識食物掌握健康	廖梅珠編著	170元
63痛風劇痛消除法	鈴木吉彥著	180元
64酸莖菌驚人療效	上田明彥著	180元
65大豆卵磷脂治現代病	神津健一著	200元
66時辰療法——危險時刻凌晨4時	呂建強等著	180元
67自然治癒力提升法	帶津良一著	180元

㊳巧妙的氣保健法	藤平墨子著	180元
㊴治癒C型肝炎	熊田博光著	180元
㊵肝臟病預防與治療	劉名揚編著	180元
㊶腰痛平衡療法	荒井政信著	180元
㊷根治多汗症、狐臭	稻葉益巳著	220元
㊸40歲以後的骨質疏鬆症	沈永嘉譯	180元
㊹認識中藥	松下一成著	180元
㊺認識氣的科學	佐佐木茂美著	180元
㊻我戰勝了癌症	安田伸著	180元
㊼斑點是身心的危險信號	中野進著	180元
㊽艾波拉病毒大震撼	玉川重德著	180元
㊾重新還我黑髮	桑名隆一郎著	180元
㊿身體節律與健康	林博史著	180元
81生薑治萬病	石原結實著	180元
82靈芝治百病	陳瑞東著	180元
83木炭驚人的威力	大槻彰著	200元
84認識活性氧	井土貴司著	180元
85深海鮫治百病	廖玉山編著	180元
86神奇的蜂王乳	井上丹治著	180元

・實用女性學講座・電腦編號 19

①解讀女性內心世界	島田一男著	150元
②塑造成熟的女性	島田一男著	150元
③女性整體裝扮學	黃靜香編著	180元
④女性應對禮儀	黃靜香編著	180元
⑤女性婚前必修	小野十傳著	200元
⑥徹底瞭解女人	田口二州著	180元
⑦拆穿女性謊言88招	島田一男著	200元
⑧解讀女人心	島田一男著	200元
⑨俘獲女性絕招	志賀貢著	200元

・校 園 系 列・電腦編號 20

①讀書集中術	多湖輝著	150元
②應考的訣竅	多湖輝著	150元
③輕鬆讀書贏得聯考	多湖輝著	150元
④讀書記憶秘訣	多湖輝著	150元
⑤視力恢復！超速讀術	江錦雲譯	180元
⑥讀書36計	黃柏松編著	180元
⑦驚人的速讀術	鐘文訓編著	170元

⑧學生課業輔導良方　多湖輝著　180元
⑨超速讀超記憶法　廖松濤編著　180元
⑩速算解題技巧　宋釗宜編著　200元
⑪看圖學英文　陳炳崑編著　200元

・實用心理學講座・電腦編號 21

①拆穿欺騙伎倆　多湖輝著　140元
②創造好構想　多湖輝著　140元
③面對面心理術　多湖輝著　160元
④偽裝心理術　多湖輝著　140元
⑤透視人性弱點　多湖輝著　140元
⑥自我表現術　多湖輝著　180元
⑦不可思議的人性心理　多湖輝著　180元
⑧催眠術入門　多湖輝著　150元
⑨責罵部屬的藝術　多湖輝著　150元
⑩精神力　多湖輝著　150元
⑪厚黑說服術　多湖輝著　150元
⑫集中力　多湖輝著　150元
⑬構想力　多湖輝著　150元
⑭深層心理術　多湖輝著　160元
⑮深層語言術　多湖輝著　160元
⑯深層說服術　多湖輝著　180元
⑰掌握潛在心理　多湖輝著　160元
⑱洞悉心理陷阱　多湖輝著　180元
⑲解讀金錢心理　多湖輝著　180元
⑳拆穿語言圈套　多湖輝著　180元
㉑語言的內心玄機　多湖輝著　180元
㉒積極力　多湖輝著　180元

・超現實心理講座・電腦編號 22

①超意識覺醒法　詹蔚芬編譯　130元
②護摩秘法與人生　劉名揚編譯　130元
③秘法！超級仙術入門　陸　明譯　150元
④給地球人的訊息　柯素娥編著　150元
⑤密教的神通力　劉名揚編著　130元
⑥神秘奇妙的世界　平川陽一著　180元
⑦地球文明的超革命　吳秋嬌譯　200元
⑧力量石的秘密　吳秋嬌譯　180元
⑨超能力的靈異世界　馬小莉譯　200元

⑩逃離地球毀滅的命運	吳秋嬌譯	200元
⑪宇宙與地球終結之謎	南山宏著	200元
⑫驚世奇功揭秘	傅起鳳著	200元
⑬啟發身心潛力心象訓練法	栗田昌裕著	180元
⑭仙道術遁甲法	高藤聰一郎著	220元
⑮神通力的秘密	中岡俊哉著	180元
⑯仙人成仙術	高藤聰一郎著	200元
⑰仙道符咒氣功法	高藤聰一郎著	220元
⑱仙道風水術尋龍法	高藤聰一郎著	200元
⑲仙道奇蹟超幻像	高藤聰一郎著	200元
⑳仙道鍊金術房中法	高藤聰一郎著	200元
㉑奇蹟超醫療治癒難病	深野一幸著	220元
㉒揭開月球的神秘力量	超科學研究會	180元
㉓西藏密教奧義	高藤聰一郎著	250元
㉔改變你的夢術入門	高藤聰一郎著	250元

・養 生 保 健・電腦編號 23

①醫療養生氣功	黃孝寬著	250元
②中國氣功圖譜	余功保著	230元
③少林醫療氣功精粹	井玉蘭著	250元
④龍形實用氣功	吳大才等著	220元
⑤魚戲增視強身氣功	宮 嬰著	220元
⑥嚴新氣功	前新培金著	250元
⑦道家玄牝氣功	張 章著	200元
⑧仙家秘傳袪病功	李遠國著	160元
⑨少林十大健身功	秦慶豐著	180元
⑩中國自控氣功	張明武著	250元
⑪醫療防癌氣功	黃孝寬著	250元
⑫醫療強身氣功	黃孝寬著	250元
⑬醫療點穴氣功	黃孝寬著	250元
⑭中國八卦如意功	趙維漢著	180元
⑮正宗馬禮堂養氣功	馬禮堂著	420元
⑯秘傳道家筋經內丹功	王慶餘著	280元
⑰三元開慧功	辛桂林著	250元
⑱防癌治癌新氣功	郭 林著	180元
⑲禪定與佛家氣功修煉	劉天君著	200元
⑳顛倒之術	梅自強著	360元
㉑簡明氣功辭典	吳家駿編	360元
㉒八卦三合功	張全亮著	230元
㉓朱砂掌健身養生功	楊 永著	250元

㉔抗老功　陳九鶴著　230元

・社會人智囊・電腦編號 24

①糾紛談判術	清水增三著	160元
②創造關鍵術	淺野八郎著	150元
③觀人術	淺野八郎著	180元
④應急詭辯術	廖英迪編著	160元
⑤天才家學習術	木原武一著	160元
⑥猫型狗式鑑人術	淺野八郎著	180元
⑦逆轉運掌握術	淺野八郎著	180元
⑧人際圓融術	澀谷昌三著	160元
⑨解讀人心術	淺野八郎著	180元
⑩與上司水乳交融術	秋元隆司著	180元
⑪男女心態定律	小田晉著	180元
⑫幽默說話術	林振輝編著	200元
⑬人能信賴幾分	淺野八郎著	180元
⑭我一定能成功	李玉瓊譯	180元
⑮獻給青年的嘉言	陳蒼杰譯	180元
⑯知人、知面、知其心	林振輝編著	180元
⑰塑造堅強的個性	坂上肇著	180元
⑱爲自己而活	佐藤綾子著	180元
⑲未來十年與愉快生活有約	船井幸雄著	180元
⑳超級銷售話術	杜秀卿譯	180元
㉑感性培育術	黃靜香編著	180元
㉒公司新鮮人的禮儀規範	蔡媛惠譯	180元
㉓傑出職員鍛鍊術	佐佐木正著	180元
㉔面談獲勝戰略	李芳黛譯	180元
㉕金玉良言撼人心	森純大著	180元
㉖男女幽默趣典	劉華亭編著	180元
㉗機智說話術	劉華亭編著	180元
㉘心理諮商室	柯素娥譯	180元
㉙如何在公司崢嶸頭角	佐佐木正著	180元
㉚機智應對術	李玉瓊編著	200元
㉛克服低潮良方	坂野雄二著	180元
㉜智慧型說話技巧	沈永嘉編著	180元
㉝記憶力、集中力增進術	廖松濤編著	180元
㉞女職員培育術	林慶旺編著	180元
㉟自我介紹與社交禮儀	柯素娥編著	180元
㊱積極生活創幸福	田中真澄著	180元
㊲妙點子超構想	多湖輝著	180元

• 精 選 系 列 • 電腦編號 25

①毛澤東與鄧小平	渡邊利夫等著	280元
②中國大崩裂	江戶介雄著	180元
③台灣・亞洲奇蹟	上村幸治著	220元
④7-ELEVEN高盈收策略	國友隆一著	180元
⑤台灣獨立（新・中國日本戰爭一）	森　詠著	200元
⑥迷失中國的末路	江戶雄介著	220元
⑦2000年5月全世界毀滅	紫藤甲子男著	180元
⑧失去鄧小平的中國	小島朋之著	220元
⑨世界史爭議性異人傳	桐生操著	200元
⑩淨化心靈享人生	松濤弘道著	220元
⑪人生心情診斷	賴藤和寬著	220元
⑫中美大決戰	檜山良昭著	220元
⑬黃昏帝國美國	莊雯琳譯	220元
⑭兩岸衝突（新・中國日本戰爭二）	森　詠著	220元
⑮封鎖台灣（新・中國日本戰爭三）	森　詠著	220元
⑯中國分裂（新・中國日本戰爭四）	森　詠著	220元

• 運 動 遊 戲 • 電腦編號 26

①雙人運動	李玉瓊譯	160元
②愉快的跳繩運動	廖玉山譯	180元
③運動會項目精選	王佑京譯	150元
④肋木運動	廖玉山譯	150元
⑤測力運動	王佑宗譯	150元

• 休 閒 娛 樂 • 電腦編號 27

①海水魚飼養法	田中智浩著	300元
②金魚飼養法	曾雪玫譯	250元
③熱門海水魚	毛利匡明著	480元
④愛犬的教養與訓練	池田好雄著	250元
⑤狗教養與疾病	杉浦哲著	220元
⑥小動物養育技巧	三上昇著	300元

• 銀髮族智慧學 • 電腦編號 28

①銀髮六十樂逍遙	多湖輝著	170元
②人生六十反年輕	多湖輝著	170元

③六十歲的決斷	多湖輝著	170元
④銀髮族健身指南	孫瑞台編著	250元

・飲 食 保 健・電腦編號 29

①自己製作健康茶	大海淳著	220元
②好吃、具藥效茶料理	德永睦子著	220元
③改善慢性病健康藥草茶	吳秋嬌譯	200元
④藥酒與健康果菜汁	成玉編著	250元
⑤家庭保健養生湯	馬汴梁編著	220元
⑥降低膽固醇的飲食	早川和志著	200元
⑦女性癌症的飲食	女子營養大學	280元
⑧痛風者的飲食	女子營養大學	280元
⑨貧血者的飲食	女子營養大學	280元
⑩高脂血症者的飲食	女子營養大學	280元

・家庭醫學保健・電腦編號 30

①女性醫學大全	雨森良彥著	380元
②初爲人父育兒寶典	小瀧周曹著	220元
③性活力強健法	相建華著	220元
④30歲以上的懷孕與生產	李芳黛編著	220元
⑤舒適的女性更年期	野末悅子著	200元
⑥夫妻前戲的技巧	笠井寬司著	200元
⑦病理足穴按摩	金慧明著	220元
⑧爸爸的更年期	河野孝旺著	200元
⑨橡皮帶健康法	山田晶著	180元
⑩33天健美減肥	相建華等著	180元
⑪男性健美入門	孫玉祿編著	180元
⑫強化肝臟秘訣	主婦の友社編	200元
⑬了解藥物副作用	張果馨譯	200元
⑭女性醫學小百科	松山榮吉著	200元
⑮左轉健康法	龜田修等著	200元
⑯實用天然藥物	鄭炳全編著	260元
⑰神秘無痛平衡療法	林宗駛著	180元
⑱膝蓋健康法	張果馨譯	180元
⑲針灸治百病	葛書翰著	250元
⑳異位性皮膚炎治癒法	吳秋嬌譯	220元
㉑禿髮白髮預防與治療	陳炳崑編著	180元
㉒埃及皇宮菜健康法	飯森薰著	200元
㉓肝臟病安心治療	上野幸久著	220元

㉔耳穴治百病	陳抗美等著	250元
㉕高效果指壓法	五十嵐康彥著	200元
㉖瘦水、胖水	鈴木園子著	200元
㉗手針新療法	朱振華著	200元
㉘香港腳預防與治療	劉小惠譯	200元
㉙智慧飲食吃出健康	柯富陽編著	200元
㉚牙齒保健法	廖玉山編著	200元

•超經營新智慧•電腦編號 31

①躍動的國家越南	林雅倩譯	250元
②甦醒的小龍菲律賓	林雅倩譯	220元

•心靈雅集•電腦編號 00

①禪言佛語看人生	松濤弘道著	180元
②禪密教的奧秘	葉逯謙譯	120元
③觀音大法力	田口日勝著	120元
④觀音法力的大功德	田口日勝著	120元
⑤達摩禪106智慧	劉華亭編譯	220元
⑥有趣的佛教研究	葉逯謙編譯	170元
⑦夢的開運法	蕭京凌譯	130元
⑧禪學智慧	柯素娥編譯	130元
⑨女性佛教入門	許俐萍譯	110元
⑩佛像小百科	心靈雅集編譯組	130元
⑪佛教小百科趣談	心靈雅集編譯組	120元
⑫佛教小百科漫談	心靈雅集編譯組	150元
⑬佛教知識小百科	心靈雅集編譯組	150元
⑭佛學名言智慧	松濤弘道著	220元
⑮釋迦名言智慧	松濤弘道著	220元
⑯活人禪	平田精耕著	120元
⑰坐禪入門	柯素娥編譯	150元
⑱現代禪悟	柯素娥編譯	130元
⑲道元禪師語錄	心靈雅集編譯組	130元
⑳佛學經典指南	心靈雅集編譯組	130元
㉑何謂「生」 阿含經	心靈雅集編譯組	150元
㉒一切皆空 般若心經	心靈雅集編譯組	150元
㉓超越迷惘 法句經	心靈雅集編譯組	180元
㉔開拓宇宙觀 華嚴經	心靈雅集編譯組	180元
㉕真實之道 法華經	心靈雅集編譯組	130元
㉖自由自在 涅槃經	心靈雅集編譯組	130元

㉗沈默的教示　維摩經	心靈雅集編譯組	150元
㉘開通心眼　佛語佛戒	心靈雅集編譯組	130元
㉙揭秘寶庫　密教經典	心靈雅集編譯組	180元
㉚坐禪與養生	廖松濤譯	110元
㉛釋尊十戒	柯素娥編譯	120元
㉜佛法與神通	劉欣如編著	120元
㉝悟（正法眼藏的世界）	柯素娥編譯	120元
㉞只管打坐	劉欣如編著	120元
㉟喬答摩・佛陀傳	劉欣如編著	120元
㊱唐玄奘留學記	劉欣如編著	120元
㊲佛教的人生觀	劉欣如編譯	110元
㊳無門關（上卷）	心靈雅集編譯組	150元
㊴無門關（下卷）	心靈雅集編譯組	150元
㊵業的思想	劉欣如編著	130元
㊶佛法難學嗎	劉欣如著	140元
㊷佛法實用嗎	劉欣如著	140元
㊸佛法殊勝嗎	劉欣如著	140元
㊹因果報應法則	李常傳編	180元
㊺佛教醫學的奧秘	劉欣如編著	150元
㊻紅塵絕唱	海　若著	130元
㊼佛教生活風情	洪丕謨、姜玉珍著	220元
㊽行住坐臥有佛法	劉欣如著	160元
㊾起心動念是佛法	劉欣如著	160元
㊿四字禪語	曹洞宗青年會	200元
(51)妙法蓮華經	劉欣如編著	160元
(52)根本佛教與大乘佛教	葉作森編	180元
(53)大乘佛經	定方晟著	180元
(54)須彌山與極樂世界	定方晟著	180元
(55)阿闍世的悟道	定方晟著	180元
(56)金剛經的生活智慧	劉欣如著	180元

・經 營 管 理・電腦編號 01

◎創新經營管理六十六大計（精）	蔡弘文編	780元
①如何獲取生意情報	蘇燕謀譯	110元
②經濟常識問答	蘇燕謀譯	130元
④台灣商戰風雲錄	陳中雄著	120元
⑤推銷大王秘錄	原一平著	180元
⑥新創意・賺大錢	王家成譯	90元
⑦工廠管理新手法	琪　輝著	120元
⑨經營參謀	柯順隆譯	120元

⑩美國實業24小時	柯順隆譯	80元
⑪撼動人心的推銷法	原一平著	150元
⑫高竿經營法	蔡弘文編	120元
⑬如何掌握顧客	柯順隆譯	150元
⑰一流的管理	蔡弘文編	150元
⑱外國人看中韓經濟	劉華亭譯	150元
⑳突破商場人際學	林振輝編著	90元
㉒如何使女人打開錢包	林振輝編著	100元
㉔小公司經營策略	王嘉誠著	160元
㉕成功的會議技巧	鐘文訓編譯	100元
㉖新時代老闆學	黃柏松編著	100元
㉗如何創造商場智囊團	林振輝編譯	150元
㉘十分鐘推銷術	林振輝編譯	180元
㉙五分鐘育才	黃柏松編譯	100元
㉝自我經濟學	廖松濤編譯	100元
㉞一流的經營	陶田生編著	120元
㉟女性職員管理術	王昭國編譯	120元
㊱ＩＢＭ的人事管理	鐘文訓編譯	150元
㊲現代電腦常識	王昭國編譯	150元
㊳電腦管理的危機	鐘文訓編譯	120元
㊴如何發揮廣告效果	王昭國編譯	150元
㊵最新管理技巧	王昭國編譯	150元
㊶一流推銷術	廖松濤編譯	150元
㊷包裝與促銷技巧	王昭國編譯	130元
㊸企業王國指揮塔	松下幸之助著	120元
㊹企業精銳兵團	松下幸之助著	120元
㊺企業人事管理	松下幸之助著	100元
㊻華僑經商致富術	廖松濤編譯	130元
㊼豐田式銷售技巧	廖松濤編譯	180元
㊽如何掌握銷售技巧	王昭國編著	130元
㊿洞燭機先的經營	鐘文訓編譯	150元
52新世紀的服務業	鐘文訓編譯	100元
53成功的領導者	廖松濤編譯	120元
54女推銷員成功術	李玉瓊編譯	130元
55ＩＢＭ人才培育術	鐘文訓編譯	100元
56企業人自我突破法	黃琪輝編著	150元
58財富開發術	蔡弘文編著	130元
59成功的店舖設計	鐘文訓編著	150元
61企管回春法	蔡弘文編著	130元
62小企業經營指南	鐘文訓編譯	100元
63商場致勝名言	鐘文訓編譯	150元

國家圖書館出版品預行編目資料

妙點子超構想／多湖　輝、竹野輝之著；李玉瓊譯
——初版——臺北市，大展，民 87
209 面；　21 公分——(社會人智囊；37)
譯自：多湖輝の「超發想」
ISBM 957-557-805-8(平裝)
1.生活指導
177.2　　87002781

TAGO AKIRA NO CHOU HASSOU by TAGO Akira & TAKENO Teruyuki
Copyright © 1996 by TAGO Akira & TAKENO Teruyuki
All rights reserved
First published in Japan in 1996 by Kodansha Ltd.
Chinese translation rights arranged with Kodansha Ltd.
Through Japan Foreign-Rights Centre/Keio Cultural Enterprise CO., Ltd.

版權仲介：京王文化事業有限公司

【版權所有・翻印必究】

妙點子超構想

ISBN 957-557-805-8

監 著 者／多湖輝、竹野輝之
編 譯 者／李　玉　瓊
發 行 人／蔡　森　明
出 版 者／大展出版社有限公司
社　　址／台北市北投區（石牌）致遠一路 2 段 12 巷 1 號
電　　話／(02) 28236031・28236033
傳　　真／(02) 28272069
郵政劃撥／0166955—1
登 記 證／局版臺業字第 2171 號
承 印 者／國順圖書印刷公司
裝　　訂／嶸興裝訂有限公司
排 版 者／千兵企業有限公司
電　　話／(02) 28812643
初版 1 刷／1998 年（民 87 年）3 月

定　　價／180 元

●本書若有破損缺頁敬請寄回本社更換●

大展好書 好書大展

大展好書 好書大展